하루 10분 손으로 쓰면서 배우는

어린이 동몽선습
童 蒙 先 習

한글 ✚ 한자 따라쓰기

시사정보연구원 지음

★ 머리말

어린이를 위한 최초의 교과서이자
왕세자 교육을 위한 교재로 채택된 『동몽선습』

　어린이들이 『천자문』 다음 단계에서 반드시 학습하였던 대표적인 교재인 『동몽선습』은 조선시대 어린이를 위한 최초의 교과서로 저술되었습니다. 『동몽선습』은 사대부의 자제들과 문자학습을 끝낸 아동들에게 기본적인 유교적 도덕과 역사를 가르치기 위한 목적으로 지어져 익히기 쉽도록 구성되어 있기 때문에 『천자문』과 더불어 가장 널리 보급되고 통용되었습니다. 특히 이 책은 어린이를 위한 교재로 민간에서뿐만 아니라, 현종대 이후에는 왕세자 교육용으로 활용되었을 만큼 인기가 대단하였습니다.

　어린이를 위한 최초의 교과서이자 왕세자 교육을 위한 교재로 채택된 『동몽선습』은 영조가 직접 어제서문을 썼습니다. 임금이 몸소 머리말을 썼다는 것에서 이 책의 가치를 가늠할 수 있습니다.

　『동몽선습』의 내용은 유학의 핵심 윤리인 오륜과 중국과 한국의 역사에 대한 서술 부분으로 구성되어 있습니다. 본문에서는 부자유친(父子有親), 군신유의(君臣有義), 부부유별(夫婦有別), 장유유서(長幼有序), 붕우유신(朋友有信) 등 오륜의 중요성에 대하여 자세하게 설명하고 있습니다.

　역사에 관한 서술에서는 중국의 고대로부터 명나라에 이르기까지 도덕적인 사관에 근거해 기록하고 있습니다. 특히 『동몽선습』은 우리나라의 역사를 단군으로부터 시작하여 삼한과, 삼국, 고려, 조선에 이르기까지 간명하지만 체계적으로 서술하고

있습니다. 우리나라가 비록 국토는 협소하지만, 예악(禮樂)과 문물이 중국에 비견할 수 있다는 점을 강조하여 어린이들에게 우리의 역사를 긍정적으로 바라볼 수 있도록 합니다.

『동몽선습』의 저자에 대해서는 여러 설이 있지만 박세무가 주된 저자로 알려져 있으며, 오늘날 어린이들의 인성과 도리를 깨치기에 부족함이 없습니다. 가정교육이 무엇보다 중요시되고 있는 시점에서 이 책을 학습한다는 것은 내면이 깊고 안정된 어린이로 성장하는데 도움이 될 것입니다. 무엇보다 한자 학습과 더불어 바른 글씨 쓰기를 할 수 있도록 구성하였기 때문에 쓰면서 외우고, 악필도 교정하는 일석이조의 효과를 얻을 수 있습니다. 이 책에는 영조의 어제서문도 같이 실어 그 시대를 한번쯤 되돌아보는 계기를 마련하였습니다. 영조가 미래를 위해 어린이 교육에 얼마나 정성을 쏟았는지 확인하는 기회가 되기를 바랍니다.

★ 영조 어제서문

　이 책은 우리나라 유학자가 지은 것이다. 첫머리에서 오륜에 대하여 총괄적으로 논하고, 다음으로 이것을 다시 부자, 군신, 부부, 장유, 붕우로 열거하였다. 태극이 비로소 나누어짐으로부터 삼황·오제, 하, 은, 주, 한, 당, 송을 거쳐 황조에 이르기까지 역대 세계가 상세하게 기록되어 있다. 우리나라에 이르러서는 단군에서부터 삼국을 거쳐 우리 조선에 이르기까지 역시 기록되어 있다. 글은 비록 간략하지만 기록한 범위는 넓고, 권은 비록 작지만 포함하고 있는 뜻은 크다.

　더욱이 요순의 도는 효도와 공경일 뿐이겠는가, 순이 계에게 명하여 오품을 중히 여기게 하였으니 이 책에의 첫머리에 오륜을 말한 것은 그 뜻이 크다. 아, 부모께 효도한 뒤 임금께 충성하고 형을 공경한 뒤 윗사람을 공경할 수 있으니 이것을 살피면 오륜 가운데 효도와 공경이 우선이다.

　그러나 시에 문왕을 칭송하며 아! 끊임없이 빛내시어 경에 머무르셨다 했으니 경은 일의 처음과 끝을 이루고 상하에 모두 통하는 공부이므로 대학의 요지는 경(敬) 한 글자에 있고, 중용의 요지는 성(誠) 한 글자에 있으니 성과 경은 학문을 해 나아가는데 있어서 마치 수레의 두 바퀴와 새의 두 날개와 같다고 하겠다.

　이제 내가 이 책에서 성, 경 두 글자를 책의 맨 앞에 놓으니 성을 이룩한 뒤 책은 책대로, 나는 나대로 되는 것을 벗어날 수 있고, 경을 유지한 뒤 가르침을 본받고 삼가 실천할 수 있으니 배우는 사람들이 어찌 소홀히 할 수 있겠는가! 나는 또 책 말미에 국초에 나라를 세우고 조선이라는 국호를 받는 부분에 이르러서 추모하며 세 번 반복해 읽고 감동했노라.

　아, 끊임없이 빛내고 이어받아 문물이 빛나고 정치가 밝았던 것은 지극한 인덕과 깊은 은혜를 후손에게 미친 까닭이다. 앞으로 체통을 이어갈 군주들이 이 지극한 덕을 몸소 행하여 조심하고 두려워하는 태도를 갖고 성심으로 백성들을 사랑해 영원히 보전한다면 우리나라도 그 앞날을 크게 기대할 수 있을 것이다.

　또한 우리나라의 예의가 비록 기자의 가르침을 입었지만 삼한 이후 거의 사라지고 말았다. 우리 조선에 들어와서 예의가 밝아지고 문물이 구비되었는데 저자가 이 내용을 기록하지 않음이 애석하다. 아, 어린이들은 더욱 노력할지어다.

夫此書 卽東儒所撰也 總冠以五倫 復以父子君臣夫婦長幼朋友
부차서 즉동유소찬야 총관이오륜 부이부자군신부부장유붕우

列之于次 而其自太極肇判 三皇五帝夏殷周漢唐宋以至皇朝 歷代
열지우차 이기자태극조판 삼황오제하은주한당송이지황조 역대

世系 纖悉備錄 逮夫我東 始檀君 歷三國 至于我朝 亦爲俱載 文
세계 섬실비록 체부아동 시단군 역삼국 지우아조 역위구재 문

雖約 而祿則博 卷雖小 而包則大 其況堯舜之道 孝弟而已 舜之命
수약 이록즉박 권수소 이포즉대 기황요순지도 효제이이 순지명

契 以五品爲重 此文之冠以五倫者 其意宏矣 噫 孝於親然後 忠於
계 이오품위중 차문지관이오륜자 기의굉의 희 효어친연후 충어

君 弟於兄然後 敬于長 以此觀之 五倫之中 孝弟爲先 雖然 詩贊
군 제어형연후 경우장 이차관지 오륜지중 효제위선 수연 시찬

文王曰於緝熙敬止 敬者 成始終徹上下之工夫也 故 大學要旨 卽
문왕왈어집희경지 경자 성시종철상하지공부야 고 대학요지 즉

敬字也 中庸要旨 卽誠字也 誠敬 亦於學問 車兩輪鳥兩翼者也 今
경자야 중용요지 즉성자야 성경 역어학문 거양륜조양익자야 금

予於此書 以誠敬二字 冠于篇首 誠然後 能免書自我自 敬然後 可
여어차서 이성경이자 관우편수 성연후 능면서자아자 경연후 가

以欽體欽遵 學豈可忽乎哉 予又於券下國初開創 受號朝鮮之文
이흠체흠준 학기가홀호재 여우어권하국초개창 수호조선지문

慨然追慕 三復興感也 噫 繼繼承承 重熙累洽 寔是至仁盛德沈恩
개연추모 삼복흥감야 희 계계승승 중희누흡 식시지인성덕심은

隆惠 垂裕後昆之致 繼體之君 式體之德 至于蕩蕩 誠心愛民 永保
융혜 수유후곤지치 계체지군 식체지덕 지우탕탕 성심애민 영보

元元 則吾國其庶幾也 且我東禮義 雖因箕聖之敎 三韓以後 幾乎
원원 즉오국기서기야 차아동예의 수인기성지교 삼한이후 기호

泯焉 入于我朝 禮義畢擧 文物咸備 惜乎 術者之猶遺乎此哉 嗟
민언 입우아조 예의필거 문물함비 석호 술자지유유호차재 차

爾小子 益加勉旃也夫
이소자 익가면전야부

★ 한자의 형성 원리를 배워요

1. 상형문자(象形文字) : 사물의 모양과 형태를 본뜬 글자

☼ → ⊙ → 日 → 日 날 일(해의 모양)

) → 月 → 月 → 月 달 월(달의 모양)

♀ → 子 → 子 → 子 아들 자(아들의 모양)

👁 → ◊ → 目 → 目 눈 목(눈의 모양)

2. 지사문자(指事文字) : 사물의 모양으로 나타낼 수 없는 뜻을 점이나 선 또는 부호로 나타낸 글자

・ → ⊥ → 上 → 上 위 상(위를 뜻함)

中 → 中 → 中 → 中 가운데 중(가운데를 뜻함)

・ → T → 下 → 下 아래 하(아래를 뜻함)

木 → 木 → 本 → 本 근본 본(뿌리를 뜻함)

3. **회의문자**(會意文字) : 이미 만들어진 글자를 2개 이상 합한 글자

   人(사람 인) + 言(말씀 언) = 信(믿을 신) : 사람의 말은 믿는다.
   田(밭 전) + 力(힘 력) = 男(사내 남) : 밭에서 힘써 일하는 사람.
   日(날 일) + 月(달 월) = 明(밝을 명) : 해와 달이 밝다.
   人(사람 인) + 木(나무 목) = 休(쉴 휴) : 사람이 나무 아래서 쉬다.

4. **형성문자**(形聲文字) : 뜻을 나타내는 부분과 음을 나타내는 부분을 합한 글자

   口(큰입 구) + 未(아닐 미) = 味(맛볼 미)   左義右音 좌의우음
   工(장인 공) + 力(힘 력) = 功(공 공)   右義左音 우의좌음
   田(밭 전) + 介(끼일 개) = 界(지경 계)   上義下音 상의하음
   相(서로 상) + 心(마음 심) = 想(생각 상)   下義上音 하의상음
   口(큰입 구) + 古(옛 고) = 固(굳을 고)   外義內音 외의내음
   門(문 문) + 口(입 구) = 問(물을 문)   內義外音 내의외음

5. **전주문자**(轉注文字) : 있는 글자에 그 소리와 뜻을 다르게 굴리고(轉) 끌어내어(注) 만든 글자

   樂(풍류 악) → (즐길 락·좋아할 요)   예) 音樂(음악), 娛樂(오락)
   惡(악할 악) → (미워할 오)   예) 善惡(선악), 憎惡(증오)
   長(긴 장) → (어른·우두머리 장)   예) 長短(장단), 課長(과장)

6. **가차문자**(假借文字) : 본 뜻과 관계없이 음만 빌어 쓰는 글자를 말하며 한자의 조사, 동물의 울음소리, 외래어를 한자로 표기할 때 쓰인다.

   東天紅(동천홍) → 닭의 울음소리
   然(그럴 연) → 그러나(한자의 조사)
   亞米利加(아미리가) → America(아메리카)
   可口可樂(가구가락) → Cocacola(코카콜라)
   弗(불) → $(달러, 글자 모양이 유사함)
   伊太利(이태리) → Italy(이탈리아)
   亞細亞(아세아) → Asia(아세아)

★ 한자 쓰기의 기본 원칙을 배워요

1. 위에서 아래로 쓴다.
    言(말씀 언) → 一 二 三 言 言 言 言
    雲(구름 운) → 一 厂 厂 币 币 币 雨 雨 雪 雪 雲 雲

2. 왼쪽에서 오른쪽으로 쓴다.
    江(강 강) → 丶 丶 氵 氵 江 江
    例(법식 예) → 丿 亻 亻 仃 佢 佢 例 例

3. 가로획과 세로획이 겹칠 때는 가로획을 먼저 쓴다.
    用(쓸 용) → 丿 冂 月 月 用
    共(함께 공) → 一 十 卄 共 共 共

4. 삐침과 파임이 만날 때는 삐침을 먼저 쓴다.
    人(사람 인) → 丿 人
    文(글월 문) → 丶 一 ナ 文

5. 좌우가 대칭될 때에는 가운데를 먼저 쓴다.
    小(작을 소) → 亅 小 小
    承(받들 승) → 乛 了 了 孑 承 承 承

6. 둘러 싼 모양으로 된 자는 바깥쪽을 먼저 쓴다.
    同(같을 동) → 丨 冂 冂 同 同 同
    病(병날 병) → 丶 一 广 广 疒 疒 疒 疒 病 病

7. 글자를 가로지르는 가로획은 나중에 긋는다.
    女(계집 녀) → 乚 夊 女
    母(어미 모) → 乚 囗 囗 母 母

8. 글자 전체를 꿰뚫는 세로획은 나중에 쓴다.
    車(수레 거) → 一 厂 冂 百 亘 車 車
    事(일 사) → 一 厂 冂 百 亘 写 写 事

8

9. 책받침(辶, 廴)은 나중에 쓴다
   近(원근 근) → ′ ′ 斤 斤 浜 近 近
   建(세울 건) → ㄱ ㅋ ㅋ ㅋ ㄹ 聿 聿 律 建
   ※ 走(달릴 주), 足(발 족), 是(이 시) 등은 받침을 먼저 쓴다.

10. 오른쪽 위에 점이 있는 글자는 그 점을 나중에 찍는다.
    犬(개 견) → 一 ナ 大 犬
    成(이룰 성) → ） 厂 厂 戊 成 成 成

■ 한자의 기본 점(點)과 획(劃)
   (1) 점
      ①「ノ」: 왼점   ②「、」: 오른점
      ③「ʼ」: 오른 치킴   ④「ʼ」: 오른점 삐침
   (2) 직선
      ⑤「一」: 가로긋기   ⑥「丨」: 내리긋기
      ⑦「⌐」: 평갈고리   ⑧「亅」: 왼 갈고리
      ⑨「レ」: 오른 갈고리
   (3) 곡선
      ⑩「ノ」: 삐침   ⑪「ノ」: 치킴
      ⑫「丶」: 파임   ⑬「辶」: 받침
      ⑭「）」: 굽은 갈고리 ⑮「乀」: 지게다리
      ⑯「⌐」: 누운 지게다리 ⑰「ㄴ」: 새가슴

少①	火③	主⑤	伸⑥	揮⑦	表⑨
②	④			⑧	
冷⑩⑪	送⑬	乎⑭	式⑮	忠⑯	兄⑰

서론

天地之間 萬物之眾에
천지지간 만물지중

惟人이 最貴하니
유인 최귀

所貴乎人者는
소귀호인자

以其有五倫也라.
이기유오륜야

하늘과 땅 사이에 있는 만물들 중에서 오직 사람이 가장 귀하다. 사람을 귀하다 하는 까닭은 사람으로 지켜야 할 다섯 가지의 떳떳한 도리가 있기 때문이다.

天	地	之	間	萬	物	之	眾	惟	人
하늘 천	땅 지	갈 지	사이 간	일만 만	물건 물	갈 지	무리 중	생각유,오직유	사람 인

最	貴	所	貴	乎	人	者	以	其	有
가장 최	귀할 귀	바 소	귀할 귀	어조사 호	사람 인	놈 자	써 이	그 기	있을 유

五	倫	也
다섯 오	인륜 륜	어조사 야

하늘과 땅 사이에 있는 만물들 중에서 오직 사람이 가장 귀하다. 사람을 귀하다 하는 까닭은 사람으로 지켜야 할 다섯 가지의 떳떳한 도리가 있기 때문이다.

是故로 孟子曰,
시 고 맹 자 왈

父子有親하며 君臣有義하며
부 자 유 친   군 신 유 의

夫婦有別하며 長幼有序하며
부 부 유 별   장 유 유 서

이런 까닭으로 맹자가 말하기를 "아버지와 자식 사이에는 친함이 있어야 하며 임금과 신하 사이에는 의리가 있어야 하며 남편과 아내 사이에는 분별이 있어야 하며 어른과 어린아이 사이에는 차례가 있어야 하며

是	故	孟	子	曰	父	子	有	親	君
이 시	까닭 고	맏 맹	아들 자	가로되 왈	아비 부	아들 자	있을 유	친할 친	임금 군

臣	有	義	夫	婦	有	別	長	幼	有
신하 신	있을 유	옳을 의	남편 부	아내 부	있을 유	다를 별	어른 장	어릴 유	있을 유

序
차례 서

이런 까닭으로 맹자가 말하기를 "아버지와 자식 사이에는 친함이 있어야 하며 임금과 신하 사이에는 의리가 있어야 하며 남편과 아내 사이에는 분별이 있어야 하며 어른과 아이 사이에는 차례가 있어야 하며

朋友有信이라 하시니
붕 우 유 신

人而不知有五常이면
인 이 부 지 유 오 상

則其違禽獸不遠矣니라.
즉 기 위 금 수 불 원 의

然則 父慈子孝하며
연 즉 부 자 자 효

친구 사이에는 믿음이 있어야 한다."고 하시니 사람이면서 이 다섯 가지의 항상 행하여야 할 도리가 있음을 알지 못하면 짐승과 다를 바가 멀지 않느니라. 그런 즉 부모는 자식을 사랑하고 자식은 부모에게 효도하며

朋	友	有	信	人	而	不	知	有	五
벗 붕	벗 우	있을 유	믿을 신	사람 인	말 이을 이	아닐 불	알 지	있을 유	다섯 오

常	則	其	違	禽	獸	不	遠	矣	然
항상 상	곧 즉	그 기	어길 위, 다를 위	짐승 수	새 금	아닐 불	멀 원	어조사 의	그럴 연

則	父	慈	子	孝
곧 즉	아비 부	사랑 자	아들 자	효도 효

친구 사이에는 믿음이 있어야 한다."고 하시니 사람이면서 이 다섯 가지의 항상 행하여야 할 도리가 있음을 알지 못하면 짐승과 다를 바가 멀지 않느니라. 그런즉 부모는 자식을 사랑하고 자식은 부모에게 효도하며

君義臣忠하며 夫和婦順하며
군 의 신 충   부 화 부 순

兄友弟恭하며
형 우 제 공

朋友輔仁然後에야
붕 우 보 인 연 후

方可謂之人矣니라.
방 가 위 지 인 의

임금은 신하에게 의리를 지키고 신하는 임금에게 충성하며, 남편은 가족을 화합하고 아내는 남편에게 순종하며 형은 동생을 사랑하고 아우는 형을 공경하며 친구는 서로 어질도록 도운 연후라야 비로소 그를 사람이라고 말할 수 있다.

君	義	臣	忠	夫	和	婦	順	兄	友
임금 군	옳을 의	신하 신	충성 충	지아비 부	화할 화	며느리 부	따를 순	맏 형	벗 우

弟	恭	朋	友	輔	仁	然	後	方	可
아우 제	공손할 공	벗 붕	벗 우	도울 보	어질 인	그럴 연	뒤 후	바야흐로 방	가히 가

謂	之	人	矣
이를 위	갈 지	사람 인	어조사 의

임금은 신하에게 의리를 지키고 신하는 임금에게 충성하며, 남편은 가족을 화합하고 아내는 남편에게 순종하며 형은 동생을 사랑하고 아우는 형을 공경하며 친구는 서로 어질도록 도운 연후라야 비로소 그를 사람이라고 말할 수 있다.

父子有親 부자유친

父子는 天性之親이라.
부자 천성지친

生而育之하고 愛而敎之하며
생이육지   애이교지

奉而承之하고
봉이승지

孝而養之하나니
효이양지

어버이와 자식은 본성적으로 친한 관계이다. 어버이는 자식을 낳아서 기르고, 사랑하고 가르치며, 자식은 어버이를 섬기며 계승하고, 효도하며 봉양한다.

父	子	天	性	之	親	生	而	育	之
아버지 부	아들 자	하늘 천	성품 성	갈 지	친할 친	날 생	말이을 이	기를 육	갈 지

愛	而	敎	之	奉	而	承	之	孝	而
사랑 애	말이을 이	가르칠 교	갈 지	받들 봉	말이을 이	이을 승	갈 지	효도 효	말이을 이

養	之
기를 양	갈 지

어버이와 자식은 본성적으로 친한 관계이다. 어버이는 자식을 낳아서 기르고, 사랑하고 가르치며, 자식은 어버이를 섬기며 계승하고, 효도하며 봉양한다.

父子有親 부자유친

是故로 敎之以義方하여
시 고　교 지 이 의 방

弗納於邪하며
불 납 어 사

柔聲以諫하여
유 성 이 간

不使得罪於鄕黨州閭니라.
불 사 득 죄 어 향 당 주 려

그러므로 어버이는 자식을 옳은 방법으로서 가르쳐 사악한 일을 하지 않도록 해야 하며, 자식은 어버이에게 부드러운 음성으로 권하여 세상에 죄를 짓는 일이 없도록 해야 하느니라.

是	故	敎	之	以	義	方	弗	納	於
이 시	까닭 고	가르칠 교	갈 지	써 이	옳을 의	모 방	아닐 불	들일 납	어조사 어

邪	柔	聲	以	諫	不	使	得	罪	於
간사할 사	부드러울 유	소리 성	써 이	간할 간	아닐 불	하여금 사	얻을 득	허물 죄	어조사 어

鄕	黨	州	閭
시골 향	무리 당	고을 주	마을 려

그러므로 어버이는 자식을 옳은 방법으로서 가르쳐 사악한 일을 하지 않도록 해야 하며, 자식은 어버이에게 부드러운 음성으로 권하여 세상에 죄를 짓는 일이 없도록 해야 하느니라.

父子有親 부자유친

苟或父而不子其子하며
구 혹 부 이 불 자 기 자

子而不父其父하면
자 이 불 부 기 부

其何以立於世乎아.
기 하 이 입 어 세 호

만일 어버이가 그 자식을 자식으로 대하지 않고, 자식이 어버이를 어버이로 대하지 않는다면 어찌 세상에 설 수가 있겠는가?

苟	或	父	而	不	子	其	子	子	而
진실로 구	혹시 혹	아버지 부	말이을 이	아닐 불	아들 자	그 기	아들 자	아들 자	말이을 이

不	父	其	父	其	何	以	立	於	世
아닐 불	아버지 부	그 기	아버지 부	그 기	어찌 하	써 이	설 입	어조사 어	인간 세

乎
어조사 호

만일 어버이가 그 자식을 자식으로 대하지 않고, 자식이 어버이를 어버이로 대하지 않는다면 어찌 세상에 설 수가 있겠는가?

父子有親 부자유친

雖然이나 天下에
수 연　　　천 하

無不是底父母라.
무 불 시 저 부 모

父雖不慈나
부 수 불 자

子不可以不孝니라.
자 불 가 이 불 효

비록 그렇다 할지라도 천하에 옳지 않은 어버이는 없는 까닭에 어버이가 비록 자애롭지 않다 하더라도 자식은 그 때문에 불효를 해서는 안 된다.

雖	然	天	下	無	不	是	底	父	母
비록 수	그럴 연	하늘 천	아래 하	없을 무	아닐 불	이 시	밑 저	아버지 부	어머니 모

父	雖	不	慈	子	不	可	以	不	孝
아버지 부	비록 수	아닐 불	사랑 자	아들 자	아닐 불	옳을 가	써 이	아닐 불	효도 효

비록 그렇다 할지라도 천하에 옳지 않은 어버이는 없는 까닭에 어버이가 비록 자애롭지 않다 하더라도 자식은 그 때문에 불효를 해서는 안 된다.

父子有親 부자유친

昔者(석자)**에 大舜**(대순)**이 父頑母嚚**(부완모은)**하되**

嘗欲殺舜(상욕살순)**이어늘**

舜(순)**이 克諧以孝**(극해이효)**하며**

烝烝乂不格姦(증증예불격간)**하니**

옛날에 대순이 아버지는 완악하고 어머니는 모질어 일찍이 순을 죽이려고 하였으나 순은 효도로써 잘 화합하였고, 좋은 방향으로 인도하여 사악함에 이르지 않도록 하였으니

昔	者	大	舜	父	頑	母	嚚	嘗	欲
옛 석	놈 자	클 대	순임금 순	아버지 부	완고할 완	어머니 모	어리석을 은	맛볼 상	하고자 할 욕

殺	舜	舜	克	諧	以	孝	烝	烝	乂
죽일 살	순임금 순	순임금 순	이길 극	다 해	써 이	효도 효	찔 증	찔 증	벨 예

不	格	姦
아닐 불	격식 격	간사할 간

옛날에 대순이 아버지는 완악하고 어머니는 모질어 일찍이 순을 죽이려고 하였으나 순은 효도로써 잘 화합하였고, 좋은 방향으로 인도하여 사악함에 이르지 않도록 하였으니

父子有親 부자유친

孝子之道가 於斯에 至矣라.
효자지도   어사   지의

孔子曰, 五刑之屬이
공자왈   오형지속

三千이로되 而罪가
삼천   이죄

莫大於不孝니라.
막대어불효

효자의 도리는 이와 같이 지극하였다. 그래서 공자께서는 "오형(五刑)에 속한 것이 삼천(三千)이나 되지만 불효보다 더 큰 죄는 없다."고 말씀하셨다.

孝	子	之	道	於	斯	至	矣	孔	子
효도 효	아들 자	갈 지	길 도	어조사 어	이 사	이를 지	어조사 의	구멍 공	아들 자

曰	五	刑	之	屬	三	千	而	罪	莫
가로 왈	다섯 오	형벌 형	갈 지	이을 속	석 삼	일천 천	말이을 이	허물 죄	없을 막

大	於	不	孝
클 대	어조사 어	아닐 불	효도 효

효자의 도리는 이와 같이

지극하였다. 그래서 공자께서는

"오형(五刑)에 속한 것이

삼천(三千)이나 되지만 불효

보다 더 큰 죄는 없다."고

말씀하셨다.

> **五刑(오형)**
> 중국에서 행하던 다섯 가지 형벌로 묵형(墨刑), 의형(劓刑), 월형(刖刑), 궁형(宮刑), 대벽(大辟)을 이른다. 묵형은 얼굴에 검은 자국이 나게 자자하고, 의형은 코를 자르며, 월형은 발을 자르고, 궁형은 남녀의 생식기를 못 쓰게 자르거나 막는다. 대벽은 목을 치는 사형이다. 이들은 한나라 초기까지의 형법이었다.

君臣有義 군신유의

君臣은 天地之分이라.
군 신   천 지 지 분

尊且貴焉하며 卑且賤焉하니
존 차 귀 언   비 차 천 언

尊貴之使卑賤과
존 귀 지 사 비 천

卑賤之事尊貴는
비 천 지 사 존 귀

임금과 신하는 하늘과 땅의 질서이다. 임금은 높고 귀하며 신하는 낮고 천하니, 높고 귀한 임금이 낮고 천한 신하를 부리는 것과 낮고 천한 신하가 높고 귀한 임금을 섬기는 것은

君	臣	天	地	之	分	尊	且	貴	焉
임금 군	신하 신	하늘 천	땅 지	갈 지	나눌 분	높을 존	또 차	귀할 귀	어찌 언

卑	且	賤	焉	尊	貴	之	使	卑	賤
낮을 비	또 차	천할 천	어찌 언	높을 존	귀할 귀	갈 지	하여금 사	낮을 비	천할 천

卑	賤	之	事	尊	貴
낮을 비	천할 천	갈 지	일 사	높을 존	귀할 귀

임금과 신하는 하늘과 땅의 질서이다. 임금은 높고 귀하며 신하는 낮고 천하니, 높고 귀한 임금이 낮고 천한 신하를 부리는 것과 낮고 천한 신하가 높고 귀한 임금을 섬기는 것은

君臣有義 군신유의

天地之常經이며
천 지 지 상 경

古今之通義라.
고 금 지 통 의

是故로 君者는
시 고 군 자

體元而發號施令者也요
체 원 이 발 호 시 령 자 야

하늘과 땅의 변함없는 원리이며 옛날은 물론 지금도 통하는 도리이다. 그러므로 임금은 하늘의 뜻을 본받아 지시를 내리고 명령을 하는 자이며,

天	地	之	常	經	古	今	之	通	義
하늘 천	땅 지	갈 지	항상 상	지날 경	옛 고	이제 금	갈 지	통할 통	옳을 의

是	故	君	者	體	元	而	發	號	施
이 시	까닭 고	임금 군	놈 자	몸 체	으뜸 원	말이을 이	필 발	부르짖을 호	베풀 시

令	者	也
하여금 령	놈 자	어조사 야

하늘과 땅의 변함없는 원리이며 옛날은 물론 지금도 통하는 도리이다. 그러므로 임금은 하늘의 뜻을 본받아 지시를 내리고 명령을 하는 자이며,

君臣有義 군신유의

臣者(신자)는
調元而陳善閉邪者也(조원이진선폐사자야)라.
會遇之際(회우지제)에 各盡其道(각진기도)하여
同寅協恭(동인협공)하여 以臻至治(이진지치)하느니라.

신하는 하늘의 뜻에 화합하여 착한 일을 장려하고 사악함을 막는 자이다. 임금과 신하가 모이고 만날 때는 각자 그 도리를 다하여 함께 공경하고 서로 삼가서 훌륭한 정치에 이르게 해야 하느니라.

臣	者	調	元	而	陳	善	閉	邪	者
신하 신	놈 자	고를 조	으뜸 원	말이을 이	베풀 진	착할 선	닫을 폐	간사할 사	놈 자

也	會	遇	之	際	各	盡	其	道	同
어조사 야	모일 회	만날 우	갈 지	때 제	각각 각	다할 진	그 기	길 도	한가지 동

寅	協	恭	以	臻	至	治
범 인	화할 협	공손할 공	써 이	이를 진	이를 지	다스릴 치

신하는 하늘의 뜻에 화합하여 착한 일을 장려하고 사악함을 막는 자이다. 임금과 신하가 모이고 만날 때는 각자 그 도리를 다하여 함께 공경하고 서로 삼가서 훌륭한 정치에 이르게 해야 하느니라.

君臣有義 군신유의

苟或君而不能盡君道하며
구 혹 군 이 불 능 진 군 도

臣而不能修臣職이면
신 이 불 능 수 신 직

不可與共治天下國家也니라.
불 가 여 공 치 천 하 국 가 야

雖然이나 吾君不能을 謂之賊이라.
수 연 오 군 불 능 위 지 적

만약 혹시라도 임금이 임금의 도리를 다하지 못하고, 신하가 신하의 직임을 감당하지 못한다면 함께 천하와 국가를 다스리지 못할 것이다. 그러므로 우리 임금은 훌륭한 정치를 베풀 수 없다고 말하는 이를 임금을 해치는 자라고 한다.

苟	或	君	而	不	能	盡	君	道	臣
진실로 구	혹시 혹	임금 군	말이을 이	아닐 불	능할 능	다할 진	임금 군	길 도	신하 신

而	不	能	修	臣	職	不	可	與	共
말이을 이	아닐 불	능할 능	닦을 수	신하 신	직책 직	아닐 불	옳을 가	더불 여	한가지 공

治	天	下	國	家	也	雖	然	吾	君
다스릴 치	하늘 천	아래 하	나라 국	집 가	어조사 야	비록 수	그럴 연	나 오	임금 군

만약 혹시라도 임금이 임금의 도리를 다하지 못하고, 신하가 신하의 직임을 감당하지 못한다면 함께 천하와 국가를 다스리지 못할 것이다. 그러므로 우리 임금은 훌륭한 정치를 베풀 수 없다고 말하는 이를 임금을 해치는 자라고 한다.

不	能	謂	之	賊
아닐 불	능할 능	이를 위	갈 지	도둑 적

君臣有義 군신유의

昔者(석자)에 商紂(상주)가 暴虐(폭학)이어늘
比干(비간)이 諫而死(간이사)하니
忠臣之節(충신지절)이 於斯(어사)에 盡矣(진의)라.
孔子曰(공자왈), 臣事君以忠(신사군이충)이라.

옛날에 상나라 주왕이 모질고 사나웠는데 비간이 간언을 하다가 죽으니 충신의 절개는 그만큼 대단하였다. 그래서 공자께서는 "신하가 충성으로써 임금을 섬겨야 한다."고 말씀하셨다.

昔	者	商	紂	暴	虐	比	干	諫	而
옛 석	놈 자	헤아릴 상	껑거리끈 주	사나울 폭	사나울 학	견줄 비	방패 간	간할 간	말이을 이

死	忠	臣	之	節	於	斯	盡	矣	孔
죽을 사	충성 충	신하 신	갈 지	마디 절	어조사 어	이 사	다할 진	어조사 의	구멍 공

子	曰	臣	事	君	以	忠
아들 자	가로 왈	신하 신	일 사	임금 군	써 이	충성 충

옛날에 상나라 주왕이 모질고 사나웠는데 비간이 간언을 하다가 죽으니 충신의 절개는 그만큼 대단하였다. 그래서 공자께서는 "신하가 충성으로써 임금을 섬겨야 한다."고 말씀하셨다.

夫婦有別 부부유별

夫婦는 二姓之合이라.
부부 이성지합

生民之始며 萬福之原이니
생민지시 만복지원

行媒議婚하며 納幣親迎者는
행매의혼   납폐친영자

厚其別也라.
후기별야

남편과 아내는 두 성씨의 결합으로, 백성을 만드는 시초이며 만복의 근원이다. 중매를 통하여 혼인을 의논하며 폐백을 드리고 친히 맞이하는 것은 그 분별을 두텁게 하는 것이다.

夫	婦	二	姓	之	合	生	民	之	始
지아비 부	아내 부	두 이	성씨 성	갈 지	합할 합	날 생	백성 민	갈 지	비로소 시

萬	福	之	原	行	媒	議	婚	納	幣
일만 만	복 복	갈 지	근원 원	다닐 행	중매 매	의논할 의	혼인할 혼	들일 납	비단 폐

親	迎	者	厚	其	別	也
친할 친	맞을 영	놈 자	두터울 후	그 기	나눌 별	어조사 야

남편과 아내는 두 성씨의 결합으로, 백성을 만드는 시초이며 만복의 근원이다. 중매를 통하여 혼인을 의논하며 폐백을 드리고 친히 맞이하는 것은 그 분별을 두텁게 하는 것이다.

夫婦有別 부부유별

是故로 **娶妻**하되 **不娶同姓**하며
시 고 취 처 불 취 동 성

爲宮室하되 **辨內外**하여
위 궁 실 변 내 외

男子는 **居外而不言內**하고
남 자 거 외 이 불 언 내

婦人은 **居內而不言外**니라.
부 인 거 내 이 불 언 외

그러므로 아내를 맞을 때는 같은 성씨를 취하지 않고 집을 지을 때는 안과 밖을 구별하여 남자는 바깥에 거하면서 안의 일을 말하지 않고, 부인은 안에 거하면서 바깥의 일을 말하지 않아야 한다.

是	故	娶	妻	不	娶	同	姓	爲	宮
이 시	까닭 고	장가들 취	아내 처	아닐 불	장가들 취	한가지 동	성씨 성	할 위	집 궁

室	辨	內	外	男	子	居	外	而	不
집 실	분별할 변	안 내	바깥 외	사내 남	아들 자	살 거	바깥 외	말이을 이	아닐 불

言	內	婦	人	居	內	而	不	言	外
말씀 언	안 내	며느리 부	사람 인	살 거	안 내	말이을 이	아닐 불	말씀 언	바깥 외

그러므로 아내를 맞을 때는 같은 성씨를 취하지 않고 집을 지을 때는 안과 밖을 구별하여 남자는 바깥에 거하면서 안의 일을 말하지 않고, 부인은 안에 거하면서 바깥의 일을 말하지 않아야 한다.

夫婦有別 부부유별

苟能莊以位之하여
구 능 장 이 위 지

以體乾健之道하고
이 체 건 건 지 도

柔以正之하여 以承坤順之義면
유 이 정 지   이 승 곤 순 지 의

則家道正矣어니와
즉 가 도 정 의

만일 남편이 씩씩함으로써 제 위치를 지켜 하늘의 굳건한 도리를 본받고 아내는 부드러움으로써 도리를 바르게 하여 땅이 하늘에 순응하는 도리를 따르면 집안의 도리는 올바르게 되느니라.

苟	能	莊	以	位	之	以	體	乾	健
진실로 구	능할 능	장중할 장	써 이	자리 위	갈 지	써 이	몸 체	하늘 건	굳셀 건

之	道	柔	以	正	之	以	承	坤	順
갈 지	길 도	부드러울 유	써 이	바를 정	갈 지	써 이	이을 승	땅 곤	순할 순

之	義	則	家	道	正	矣
갈 지	옳을 의	곧 즉	집 가	길 도	바를 정	어조사 의

만일 남편이 씩씩함으로써 제 위치를 지켜 하늘의 굳건한 도리를 본받고 아내는 부드러움으로써 도리를 바르게 하여 땅이 하늘에 순응하는 도리를 따르면 집안의 도리는 올바르게 되느니라.

夫婦有別 부부유별

反是하여 而夫不能專制하여
반시 이부불능전제

御之不以其道하고
어지불이기도

婦乘其夫하여
부승기부

事之不以其義하며
사지불이기의

이와 반대로 남편이 제어할 수가 없어서 지배하기를 도리로써 하지 못하고, 아내가 남편을 이겨서 섬김을 그 의리로써 아니하여,

反	是	而	夫	不	能	專	制	御	之
돌이킬 반	이 시	말이을 이	지아비 부	아닐 불	능할 능	오로지 전	절제할 제	거느릴 어	갈 지

不	以	其	道	婦	乘	其	夫	事	之
아닐 불	써 이	그 기	길 도	며느리 부	탈 승	그 기	지아비 부	일 사	갈 지

不	以	其	義
아닐 불	써 이	그 기	옳을 의

이와 반대로 남편이 제어할 수가 없어서 지배하기를 도리로써 하지 못하고, 아내가 남편을 이겨서 섬김을 그 의리로써 아니하여,

夫婦有別 부부유별

昧三從之道하고
매 삼 종 지 도

有七去之惡하면 則家道索矣라.
유 칠 거 지 악   즉 가 도 삭 의

須是夫敬其身하여
수 시 부 경 기 신

以帥其婦하고 婦敬其身하여
이 솔 기 부   부 경 기 신

삼종지도를 알지 못하고 칠거지악이 있으면 집안의 도리가 어그러지게 된다. 그러므로 남편은 자신의 몸가짐을 삼가여 그로써 아내를 잘 이끌고 아내도 자신을 삼가여

昧	三	從	之	道	有	七	去	之	惡
어두울 매	석 삼	좇을 종	갈 지	길 도	있을 유	일곱 칠	갈 거	갈 지	악할 악

則	家	道	索	矣	須	是	夫	敬	其
곧 즉	집 가	길 도	노 삭	어조사 의	모름지기 수	이 시	지아비 부	공경 경	그 기

身	以	帥	其	婦	婦	敬	其	身
몸 신	써 이	거느릴 솔	그 기	며느리 부	며느리 부	공경 경	그 기	몸 신

삼종지도를 알지 못하고 칠거지악이 있으면 집안의 도리가 어그러지게 된다. 그러므로 남편은 자신의 몸가짐을 삼가여 그로써 아내를 잘 이끌고 아내도 자신을 삼가여

三從之道(삼종지도)
예전에, 여자가 따라야 할 세 가지의 도리를 이르던 말. 시집가기 전에는 아버지를, 시집가서는 남편을, 남편이 죽은 뒤에는 아들을 좇는 것을 이른다.

七去之惡(칠거지악)
조선 시대, 아내를 내쫓을 수 있는 이유가 되는 일곱 가지의 허물. 곧 시부모에게 순종하지 아니하는 것(不順舅姑), 자식을 낳지 못하는 것(無子), 행실이 음탕한 것(淫), 질투하는 것(妬), 나쁜 병이 있는 것(惡症), 말이 많은 것(多言), 도둑질을 하는 것(盜) 등을 이른다.

夫婦有別 부부유별

以乘其夫하며 內外和順하여야
이 승 기 부   내 외 화 순

父母가 其安樂之矣리라.
부 모   기 안 락 지 의

昔者에 郤缺이 耨어늘 其妻가
석 자   극 결   누   기 처

饁之하되 敬하여 相待如賓하니
엽 지   경   상 대 여 빈

남편을 받들어 섬겨야 한다. 내외가 화평하고 유순하여야 부모가 안락을 누릴 수 있느니라. 옛날에 극결이 밭에서 김을 맬 때에 그 아내가 밥을 내오는데 공경하여 대접함이 손님을 대하는 것 같았다.

以	乘	其	夫	內	外	和	順	父	母
써 이	탈 승	그 기	지아비 부	안 내	바깥 외	화할 화	순할 순	아버지 부	어머니 모

其	安	樂	之	矣	昔	者	郤	缺	耨
그 기	편안 안	즐길 락	갈 지	어조사 의	옛 석	놈 자	성 극	이지러질 결	김맬 누

其	妻	饁	之	敬	相	待	如	賓
그 기	아내 처	들밥 엽	갈 지	공경 경	서로 상	기다릴 대	같을 여	손 빈

남편을 받들어 섬겨야 한다.

내외가 화평하고 유순하여야

부모가 안락을 누릴 수 있느

니라. 옛날에 극결이 밭에서

김을 맬 때에 그 아내가 밥

을 내오는데 공경하여 대접함

이 손님을 대하는 것 같았다.

夫婦有別 부부유별

夫婦之道는
부부지도

當如是也라.
당여시야

子思曰, 君子之道는
자사왈 군자지도

造端乎夫婦라 하시니라.
조단호부부

부부의 도리는 마땅히 이와 같아야 한다. 고로 자사가 말하기를 "군자의 도리는 부부로부터 시작된다."고 하셨느니라.

夫	婦	之	道	當	如	是	也	子	思
지아비 부	며느리 부	갈 지	길 도	마땅 당	같을 여	이 시	어조사 야	아들 자	생각 사

曰	君	子	之	道	造	端	乎	夫	婦
가로 왈	임금 군	아들 자	갈 지	길 도	지을 조	끝 단	어조사 호	지아비 부	며느리 부

부부의 도리는 마땅히 이와 같아야 한다. 고로 자사가 말하기를 "군자의 도리는 부부로부터 시작된다."고 하셨느니라.

長幼有序 장유유서

長幼는 天倫之序라.
장유   천륜지서

兄之所以爲兄과
형 지 소 이 위 형

弟之所以爲弟는
제 지 소 이 위 제

長幼之道의 所自出也라.
장유지도   소자출야

어른과 어린이는 천륜의 차례이다. 형이 형되고 아우가 아우된 까닭은 어른과 어린이의 도리에서 비롯되기 때문이다.

長	幼	天	倫	之	序	兄	之	所	以
어른 장	어릴 유	하늘 천	인륜 륜	갈 지	차례 서	형 형	갈 지	바 소	써 이

爲	兄	弟	之	所	以	爲	弟	長	幼
할 위	형 형	아우 제	갈 지	바 소	써 이	할 위	아우 제	어른 장	어릴 유

之	道	所	自	出	也
갈 지	길 도	바 소	스스로 자	날 출	어조사 야

어른과 어린이는 천륜의 차례이다. 형이 형되고 아우가 아우된 까닭은 어른과 어린이의 도리에서 비롯되기 때문이다.

長幼有序 장유유서

蓋宗族鄕黨에
개 종 족 향 당

皆有長幼하니 不可紊也라.
개 유 장 유　　불 가 문 야

徐行後長者를 謂之弟요
서 행 후 장 자　　위 지 제

疾行先長者를 謂之不弟니
질 행 선 장 자　　위 지 불 제

대개 가족과 마을에는 모두 어른과 어린이가 있으니 이 도리를 어지럽혀서는 안 된다.
어른 뒤에서 천천히 따라가는 것을 일컬어 공손하다 하고, 어른 앞에서 빨리 가는 것을 공손하지 않다고 일컫는다.

蓋	宗	族	鄕	黨	皆	有	長	幼	不
덮을 개	마루 종	겨레 족	시골 향	무리 당	다 개	있을 유	어른 장	어릴 유	아닐 불

可	紊	也	徐	行	後	長	者	謂	之
옳을 가	얽힐 문	어조사 야	천천히 할 서	다닐 행	뒤 후	어른 장	놈 자	이를 위	갈 지

弟	疾	行	先	長	者	謂	之	不	弟
아우 제	병 질	다닐 행	먼저 선	어른 장	놈 자	이를 위	갈 지	아닐 불	아우 제

대개 가족과 마을에는 모두 어른과 어린이가 있으니 이 도리를 어지럽혀서는 안 된다.

어른 뒤에서 천천히 따라가는 것을 일컬어 공손하다 하고, 어른 앞에서 빨리 가는 것을 공손하지 않다고 일컫는다.

長幼有序 장유유서

是故로 年長以倍면
시고 　 연장이배

則父事之하고 十年以長이면
즉부사지 　 　 십년이장

則兄事之하며 五年以長이면
즉형사지 　 　 오년이장

則肩隨之니라.
즉견수지

그러므로 나이가 갑절이나 많으면 어버이와 같이 섬기고, 나이가 십년이 많으면 형과 같이 섬기며, 나이가 오년이 많으면 어깨를 나란히 하여 따른다.

是	故	年	長	以	倍	則	父	事	之
이 시	까닭 고	해 연(년)	어른 장	써 이	곱 배	곧 즉	아버지 부	일 사	갈 지

十	年	以	長	則	兄	事	之	五	年
열 십	해 년	써 이	어른 장	곧 즉	형 형	일 사	갈 지	다섯 오	해 년

以	長	則	肩	隨	之
써 이	어른 장	곧 즉	어깨 견	따를 수	갈 지

그러므로 나이가 갑절이나 많으면 어버이와 같이 섬기고, 나이가 십년이 많으면 형과 같이 섬기며, 나이가 오년이 많으면 어깨를 나란히 하여 따른다.

長幼有序 장유유서

長慈幼하며 幼敬長然後에야
장 자 유   유 경 장 연 후

無侮少陵長之弊하여
무 모 소 능 장 지 폐

而人道正矣리라.
이 인 도 정 의

而況兄弟는 同氣之人이며
이 황 형 제   동 기 지 인

어른은 어린이를 사랑하고, 어린이는 어른을 공경한 연후라야 젊은이를 업신여기거나 어른을 능멸하는 폐단이 없어져 사람의 도리가 바르게 될 것이니라. 그러니 하물며 형제는 같은 기운을 나눈

長	慈	幼	幼	敬	長	然	後	無	侮
어른 장	사랑 자	어릴 유	어릴 유	공경 경	어른 장	그럴 연	뒤 후	없을 무	업신여길 모

少	陵	長	之	弊	而	人	道	正	矣
적을 소	능가할 능	어른 장	갈 지	폐단 폐	말이을 이	사람 인	길 도	바를 정	어조사 의

而	況	兄	弟	同	氣	之	人
말이을 이	하물며 황	형 형	아우 제	한가지 동	기운 기	갈 지	사람 인

어른은 어린이를 사랑하고,

어린이는 어른을 공경한 연후

라야 젊은이를 업신 여기거나

어른을 능멸하는 폐단이 없어

져 사람의 도리가 바르게 될

것이니라. 그러니 하물며 형제

는 같은 기운을 나눈

長幼有序 장유유서

骨肉至親이라. 尤當友愛요
골 육 지 친　　　우 당 우 애

不可藏怒宿怨하여
불 가 장 노 숙 원

以敗天常也니라.
이 패 천 상 야

昔者에 司馬光이
석 자　　사 마 광

골육지친이니 마땅히 우애하고 노여움을 감추며 원망을 품어서 안 되며, 그로 인해 천륜의 도리를 무너뜨려서는 안 된다.
옛날에 사마광은

骨	肉	至	親	尤	當	友	愛	不	可
뼈 골	고기 육	이를 지	친할 친	더욱 우	마땅 당	벗 우	사랑 애	아닐 불	옳을 가

藏	怒	宿	怨	以	敗	天	常	也	昔
감출 장	성낼 노	잘 숙	원망할 원	써 이	패할 패	하늘 천	항상 상	어조사 야	옛 석

者	司	馬	光
놈 자	맡을 사	말 마	빛 광

골육지친이니 마땅히 우애하고 노여움을 감추어 원망을 품어서 안 되며, 그로 인해 천륜의 도리를 무너뜨려서는 안 된다.

옛날에 사마광은

長幼有序 장유유서

與其兄伯康으로 友愛尤篤하여
여 기 형 백 강　　　우 애 우 독

敬之如嚴父하고
경 지 여 엄 부

保之如嬰兒하니 兄弟之道가
보 지 여 영 아　　　형 제 지 도

當如是也니라.
당 여 시 야

그의 형 백강과 더불어 우애가 아주 돈독하여 공경하기를 아버지처럼 하고 보호하기를 어린아이처럼 하였으니, 형제의 도리는 마땅히 이와 같아야 한다.

與	其	兄	伯	康	友	愛	尤	篤	敬
더불 여	그 기	형 형	맏 백	편안할 강	벗 우	사랑 애	더욱 우	도타울 독	공경 경

之	如	嚴	父	保	之	如	嬰	兒	兄
갈 지	같을 여	엄할 엄	아버지 부	지킬 보	갈 지	같을 여	어린아이 영	아이 아	형 형

弟	之	道	當	如	是	也
아우 제	갈 지	길 도	마땅 당	같을 여	이 시	어조사 야

그의 형 백강과 더불어 우애가 아주 돈독하여 공경하기를 아버지처럼 하고 보호하기를 어린아이처럼 하였으니, 형제의 도리는 마땅히 이와 같아야 한다.

長幼有序 장유유서

孟子曰, 孩提之童이
맹자왈 해제지동

無不知愛其親이며
무부지애기친

及其長也에는
급기장야

無不知敬其兄也라 하시니라.
무부지경기형야

맹자께서 말씀하시기를 "어린아이도 그 부모를 사랑하지 않음이 없고, 자라서는 그 형을 공경하지 않음이 없다."고 하셨느니라.

孟	子	曰	孩	提	之	童	無	不	知
맏 맹	아들 자	가로 왈	어린아이 해	끌 제	갈 지	아이 동	없을 무	아닐 부	알 지

愛	其	親	及	其	長	也	無	不	知
사랑 애	그 기	친할 친	미칠 급	그 기	어른 장	어조사 야	없을 무	아닐 부	알 지

敬	其	兄	也
공경 경	그 기	형 형	어조사 야

맹자께서 말씀하시기를 "어린아이도 그 부모를 사랑하지 않음이 없고, 자라서는 그 형을 공경하지 않음이 없다."고 하셨느니라.

朋友有信 붕우유신

朋友는 **同類之人**이라.
붕우 동류지인

益者가 **三友**요 **損者**가 **三友**니
익자 삼우 손자 삼우

友直하며 **友諒**하며 **友多聞**이면
우직 우량 우다문

益矣요 **友便辟**하며 **友善柔**하며
익의 우편벽 우선유

친구는 같은 부류의 사람이다. 유익한 친구가 세 종류 있고, 해로운 친구가 세 종류가 있으니, 친구가 정직하고, 신실하고, 아는 게 많으면 이롭고, 친구가 편벽되고, 유약하며,

朋	友	同	類	之	人	益	者	三	友
벗 붕	벗 우	한가지 동	무리 류	갈 지	사람 인	더할 익	놈 자	석 삼	벗 우

損	者	三	友	友	直	友	諒	友	多
덜 손	놈 자	석 삼	벗 우	벗 우	곧을 직	벗 우	살필 량	벗 우	많을 다

聞	益	矣	友	便	辟	友	善	柔
들을 문	더할 익	어조사 의	벗 우	편할 편	편벽될 벽	벗 우	착할 선	부드러울 유

친구는 같은 부류의 사람이다. 유익한 친구가 세 종류 있고, 해로운 친구가 세 종류가 있으니, 친구가 정직하고, 신실하고, 아는 게 많으면 이롭고, 친구가 편벽되고, 유약하며,

朋友有信 붕우유신

友便佞이면 損矣리라.
우 편 녕   손 의

友也者는 友其德也라.
우 야 자   우 기 덕 야

自天子로 至於庶人이
자 천 자   지 어 서 인

未有不須友以成者니
미 유 불 수 우 이 성 자

말만 앞서면 해롭다. 친구를 사귄다는 것은 그 덕을 벗하는 것이라 천자로부터 일반 백성에 이르기까지 반드시 벗으로써 이루지 못하는 자가 없으니

友	便	佞	損	矣	友	也	者	友	其
벗 우	편할 편	아첨할 녕	덜 손	어조사 의	벗 우	어조사 야	놈 자	벗 우	그 기

德	也	自	天	子	至	於	庶	人	未
덕 덕	어조사 야	스스로 자	하늘 천	아들 자	이를 지	어조사 어	무리 서	사람 인	아닐 미

有	不	須	友	以	成	者
있을 유	아닐 불	모름지기 수	벗 우	써 이	이룰 성	놈 자

말만 앞서면 해롭다. 친구를 사귄다는 것은 그 덕을 벗하는 것이라 천자로부터 일반 백성에 이르기까지 반드시 벗으로써 이루지 못하는 자가 없으니

朋友有信 붕우유신

其分이 若疎而其所關이
기 분   약 소 이 기 소 관

爲至親이라.
위 지 친

是故로 取友를 必端人하며
시 고   취 우   필 단 인

擇友를 必勝己니
택 우   필 승 기

그 친분이 소원한 것 같으나 그 관계된 바는 지극히 가깝다. 그러므로 친구를 사귈 때는 반드시 단정하고 바른 사람을 사귀며, 친구를 선택할 때는 반드시 나보다 나은 사람으로 택해야 한다.

其	分	若	疎	而	其	所	關	爲	至
그 기	나눌 분	같을 약	성길 소	말이을 이	그 기	바 소	빗장 관	할 위	이를 지

親	是	故	取	友	必	端	人	擇	友
친할 친	이 시	까닭 고	취할 취	벗 우	반드시 필	단정할 단	사람 인	가릴 택	벗 우

必	勝	己
반드시 필	이길 승	몸 기

그 친분이 소원한 것 같으나 그 관계된 바는 지극히 가깝다. 그러므로 친구를 사귈 때는 반드시 단정하고 바른 사람을 사귀며, 친구를 선택할 때는 반드시 나보다 나은 사람으로 택해야 한다.

朋友有信 붕우유신

要當責善以信하며 切切偲偲하여
요 당 책 선 이 신   절 절 시 시

忠告而善道之하다가
충 고 이 선 도 지

不可則止니라.
불 가 즉 지

苟或交遊之際에
구 혹 교 유 지 제

그래서 마땅히 신뢰로써 선을 행할 것을 요구하며, 간결하고도 진실하게 충고하며 선으로 인도하다가 불가능하면 친구 관계를 그만두어야 한다. 혹시라도 친구를 사귈 때

要	當	責	善	以	信	切	切	偲	偲
요긴할 요	마땅 당	꾸짖을 책	착할 선	써 이	믿을 신	끊을 절	끊을 절	굳셀 시	굳셀 시

忠	告	而	善	道	之	不	可	則	止
충성 충	고할 고	말이을 이	착할 선	길 도	갈 지	아닐 불	옳을 가	곧 즉	그칠 지

苟	或	交	遊	之	際
진실로 구	혹시 혹	사귈 교	놀 유	갈 지	때 제

그래서 마땅히 신뢰로써 선을 행할 것을 요구하며, 간결하고도 진실하게 충고하며 선으로 인도하다가 불가능하면 친구 관계를 그만두어야 한다.

혹시라도 친구를 사귈 때

朋友有信 붕우유신

不以切磋琢磨로 爲相與하고
불 이 절 차 탁 마 위 상 여

但以歡狎戲謔으로
단 이 환 압 희 학

爲相親이면
위 상 친

則安應久而不疎乎리오.
즉 안 응 구 이 불 소 호

절차탁마의 노력으로 함께 하지 않고 다만 장난이나 하고 희롱하고 농담하는 것으로 서로 친해진다면 어찌 능히 오래 되어도 멀어지지 않을 수 있겠는가?

不	以	切	磋	琢	磨	爲	相	與	但
아닐 불	써 이	끊을 절	갈 차	다듬을 탁	갈 마	할 위	서로 상	더불 여	다만 단

以	歡	狎	戲	謔	爲	相	親	則	安
써 이	기쁠 환	익숙할 압	희롱할 희	희롱할 학	할 위	서로 상	친할 친	곧 즉	편안할 안

應	久	而	不	疎	乎
응할 응	오랠 구	말이을 이	아닐 불	성길 소	어조사 호

절차탁마의 노력으로 함께 하지 않고 다만 장난이나 하고 희롱하고 농담하는 것으로 서로 친해진다면 어찌 능히 오래 되어도 멀어지지 않을 수 있겠는가?

> **切磋琢磨(절차탁마)**
> 옥이나 뿔 따위를 갈고 닦아서 빛을 낸다는 뜻으로, 학문이나 도덕, 기예 등을 열심히 배우고 익혀 수련함을 비유적으로 이르는 말.

朋友有信 붕우유신

昔者에 晏子가 與人交하되
석자   안자   여인교

久而敬之하니 朋友之道는
구이경지   붕우지도

當如是也니라.
당여시야

孔子曰, 不信乎朋友면
공자왈 불신호붕우

옛날에 안자는 다른 사람과 사귈 때 오래도록 그를 공경하였으니, 친구의 도리는 마땅히 이와 같아야 한다. 그러므로 공자께서 말씀하시기를 "친구에게 신뢰를 얻지 못하면

昔	者	晏	子	與	人	交	久	而	敬
옛 석	놈 자	늦을 안	아들 자	더불 여	사람 인	사귈 교	오랠 구	말이을 이	공경 경

之	朋	友	之	道	當	如	是	也	孔
갈 지	벗 붕	벗 우	갈 지	길 도	마땅 당	같을 여	이 시	어조사 야	구멍 공

子	曰	不	信	乎	朋	友
아들 자	가로 왈	아닐 불	믿을 신	어조사 호	벗 붕	벗 우

옛날에 안자는 다른 사람과 사귈 때 오래도록 그를 공경하였으니, 친구의 도리는 마땅히 이와 같아야 한다. 그러므로 공자께서 말씀하시기를 " 친구에게 신뢰를 얻지 못하면

朋友有信 붕우유신

不獲乎上矣리라.
불 획 호 상 의

信乎朋友有道하니
신 호 붕 우 유 도

不順乎親이면
불 순 호 친

不信乎朋友矣리라.
불 신 호 붕 우 의

윗사람에게도 신뢰를 얻지 못한다."고 하셨다. 친구에게 신뢰를 얻는 데도 도리가 있으니 부모에게 순종하지 않으면 친구에게도 신뢰를 줄 수 없느니라.

不	獲	乎	上	矣	信	乎	朋	友	有
아닐 불	얻을 획	어조사 호	위 상	어조사 의	믿을 신	어조사 호	벗 붕	벗 우	있을 유

道	不	順	乎	親	不	信	乎	朋	友
길 도	아닐 불	순할 순	어조사 호	친할 친	아닐 불	믿을 신	어조사 호	벗 붕	벗 우

矣
어조사 의

윗사람에게도 신뢰를 얻지 못한다."고 하셨다. 친구에게 신뢰를 얻는 데도 도리가 있으니 부모에게 순종하지 않으면 친구에게도 신뢰를 줄 수 없느니라.

總論 총론

此五品者는 天敍之典이니
차 오 품 자　　천 서 지 전

而人理之所固有者라.
이 인 리 지 소 고 유 자

人之行이 不外乎五者而惟孝가
인 지 행　　불 외 호 오 자 이 유 효

爲百行之源이라.
위 백 행 지 원

이 다섯 가지 항목은 하늘이 규정한 질서이며 사람이 본래부터 지니고 있는 도리이다. 사람의 행실이 이 다섯 가지에서 벗어나지 않으며, 오직 효도가 모든 행실의 근원이 된다.

此	五	品	者	天	敍	之	典	而	人	理
이 차	다섯 오	물건 품	놈 자	하늘 천	차례 서	갈 지	법 전	말이을 이	사람 인	다스릴 리

之	所	固	有	者	人	之	行	不	外	乎
갈 지	바 소	굳을 고	있을 유	놈 자	사람 인	갈 지	다닐 행	아닐 불	바깥 외	어조사 호

五	者	而	惟	孝	爲	百	行	之	源
다섯 오	놈 자	말이을 이	생각할 유	효도 효	할 위	일백 백	다닐 행	갈 지	근원 원

是以로 孝子之事親也는 鷄初鳴이면
시 이 효 자 지 사 친 야   계 초 명

咸盥漱하고 適父母之所하여
함 관 수   적 부 모 지 소

下氣怡聲하여 問衣燠寒하며
하 기 이 성   문 의 욱 한

問何食飮하며 冬溫而夏淸하며
문 하 식 음   동 온 이 하 청

이 때문에 효자가 부모를 섬길 때에는 첫닭이 울면 모두 세수와 양치질을 하고, 부모님이 계신 곳으로 가서 기운을 낮추고 목소리를 부드럽게 하여 옷은 따뜻한지 추운지를 여쭈며, 무엇을 잡수시고 마시고 싶은지를 여쭈며, 겨울에는 따뜻하게 해드리고 여름에는 시원하게 해드리며,

是	以	孝	子	之	事	親	也	鷄	初	鳴
이 시	써 이	효도 효	아들 자	갈 지	일 사	친할 친	어조사 야	닭 계	처음 초	울 명

咸	盥	漱	適	父	母	之	所	下	氣	怡
다 함	대야 관	양치질할 수	맞을 적	아버지 부	어머니 모	갈 지	바 소	아래 하	기운 기	기쁠 이

聲	問	衣	燠	寒	問	何	食	飮	冬	溫
소리 성	물을 문	옷 의	따뜻할 욱	찰 한	물을 문	어찌 하	밥 식	마실 음	겨울 동	따뜻할 온

而	夏	淸
말이을 이	여름 하	맑을 청

昏定而晨省하며 出必告하며 反必面하며
혼정이신성　　　출필고　　　반필면

不遠遊하며 遊必有方하며
불원유　　　유필유방

不敢有其身하며 不敢私其財니라.
불감유기신　　　불감사기재

父母가 愛之어든 喜而不忘하며
부모　　애지　　　희이불망

> 저녁에는 잠자리를 돌봐드리고 새벽에는 안부를 여쭈며, 외출할 때는 반드시 아뢰고 돌아와서는 반드시 부모님에게 얼굴을 보여야 하며, 멀리 나가 놀지 않으며, 나가 놀 때는 반드시 일정한 장소를 두며, 감히 자기 몸을 맘대로 하지 않으며, 감히 재물을 자기 것으로 사유하지 않느니라. 부모님이 사랑해 주시거든 기뻐하되 잊지 않으며,

昏	定	而	晨	省	出	必	告	反	必	面
어두울 혼	정할 정	말이을 이	새벽 신	살필 성	날 출	반드시 필	고할 고	돌이킬 반	반드시 필	낯 면

不	遠	遊	遊	必	有	方	不	敢	有	其
아닐 불	멀 원	놀 유	놀 유	반드시 필	있을 유	모 방	아닐 불	감히 감	있을 유	그 기

身	不	敢	私	其	財	父	母	愛	之	喜
몸 신	아닐 불	감히 감	사사 사	그 기	재물 재	아버지 부	어머니 모	사랑 애	갈 지	기쁠 희

而	不	忘
말이을 이	아닐 불	잊을 망

惡之어시든 懼而無怨하며
오 지　　　　구 이 무 원

有過어시든 諫而不逆하며
유 과　　　　간 이 불 역

三諫而不聽이어시든 則號泣而隨之하되
삼 간 이 불 청　　　　즉 호 읍 이 수 지

怒而撻之有血이라도 不敢疾怨이니라.
노 이 달 지 유 혈　　　불 감 질 원

미워하시거든 두려워하되 원망하지 않으며, 부모님께서 과실을 저지르시면 간하되 거스르지 않으며, 세 번 간했는데도 들어주지 않으시거든 부르짖고 울면서 따라야 한다. 부모님이 노하여 종아리를 때려 피가 나도 감히 미워하거나 원망하지 않으며,

惡	之	懼	而	無	怨	有	過	諫	而	不
미워할 오	갈 지	두려워할 구	말이을 이	없을 무	원망할 원	있을 유	지날 과	간할 간	말이을 이	아닐 불

逆	三	諫	而	不	聽	則	號	泣	而	隨
거스릴 역	석 삼	간할 간	말이을 이	아닐 불	들을 청	곧 즉	부르짖을 호	울 읍	말이을 이	따를 수

之	怒	而	撻	之	有	血	不	敢	疾	怨
갈 지	성낼 노	말이을 이	때릴 달	갈 지	있을 유	피 혈	아닐 불	감히 감	병 질	원망할 원

居則致其敬하고 養則致其樂하며
거 즉 치 기 경   양 즉 치 기 락

病則致其憂하며 喪則致其哀하며
병 즉 치 기 우   상 즉 치 기 애

祭則致其嚴이니라.
제 즉 치 기 엄

若夫人子之不孝也는 不愛其親하고
약 부 인 자 지 불 효 야   불 애 기 친

평상시 거처할 때에는 공경함을 다하고, 봉양할 때는 즐거움을 다하고, 병환이 드셨을 때는 근심을 다하고, 돌아가셨을 때는 슬픔을 다하고, 제사 지낼 때는 엄숙함을 다해야 하느니라. 부모에게 불효하는 자식은 자기 부모는 사랑하지 아니하고

居	則	致	其	敬	養	則	致	其	樂	病
살 거	곧 즉	이를 치	그 기	공경 경	기를 양	곧 즉	이를 치	그 기	즐길 락	병 병

則	致	其	憂	喪	則	致	其	哀	祭	則
곧 즉	이를 치	그 기	근심 우	잃을 상	곧 즉	이를 치	그 기	슬플 애	제사 제	곧 즉

致	其	嚴	若	夫	人	子	之	不	孝	也
이를 치	그 기	엄할 엄	같을 약	지아비 부	사람 인	아들 자	갈 지	아닐 불	효도 효	어조사 야

不	愛	其	親
아닐 불	사랑 애	그 기	친할 친

而愛他人하며 不敬其親하고
이애타인　　　불경기친

而敬他人하며 惰其四肢하여
이경타인　　　타기사지

不顧父母之養하며 博奕好飮酒하여
불고부모지양　　박혁호음주

不顧父母之養하며
불고부모지양

다른 사람을 사랑하며, 자기 부모는 공경하지 않으면서 다른 사람을 공경하며, 손발을 게을리 하여 부모를 봉양할 생각은 하지도 않으며, 장기나 바둑을 두고, 술 마시는 것을 좋아하여 부모 봉양을 돌보지 않으며,

而	愛	他	人	不	敬	其	親	而	敬	他
말이을 이	사랑 애	다를 타	사람 인	아닐 불	공경 경	그 기	친할 친	말이을 이	공경 경	다를 타

人	惰	其	四	肢	不	顧	父	母	之	養
사람 인	게으를 타	그 기	넉 사	사지 지	아닐 불	돌아볼 고	아버지 부	어머니 모	갈 지	기를 양

博	奕	好	飮	酒	不	顧	父	母	之	養
칠 박	클 혁	좋을 호	마실 음	술 주	아닐 불	돌아볼 고	아버지 부	어머니 모	갈 지	기를 양

好貨財하며 私妻子하여
호 화 재   사 처 자

不顧父母之養하며 從耳目之好하여
불 고 부 모 지 양   종 이 목 지 호

以爲父母戮하며 好勇鬪很하여 以危父母라.
이 위 부 모 육   호 용 투 흔   이 위 부 모

噫라. 欲觀其人의 行之善不善이면
희   욕 관 기 인   행 지 선 불 선

재물을 좋아하고 처자식만을 사랑해서 부모 봉양을 돌보지 않으며, 눈과 귀의 욕망을 좇아 부모를 욕되게 하며, 용맹을 좋아하여 싸우고 사나워서 부모를 위태롭게 한다. 아, 그 사람의 행실이 착한지 아닌지를 살펴보고자 한다면

好	貨	財	私	妻	子	不	顧	父	母	之
좋을 호	재물 화	재물 재	사사 사	아내 처	아들 자	아닐 불	돌아볼 고	아버지 부	어머니 모	갈 지

養	從	耳	目	之	好	以	爲	父	母	戮
기를 양	좇을 종	귀 이	눈 목	갈 지	좋을 호	써 이	할 위	아버지 부	어머니 모	죽일 육

好	勇	鬪	很	以	危	父	母	噫	欲	觀
좋을 호	날랠 용	싸울 투	패려궂을 흔	써 이	위태할 위	아버지 부	어머니 모	한숨 쉴 희	하고자 할 욕	볼 관

其	人	行	之	善	不	善
그 기	사람 인	다닐 행	갈 지	착할 선	아닐 불	착할 선

必先觀其人之孝不孝니 可不愼哉며
필선관기인지효불효 가불신재

可不懼哉아. 苟能孝於其親이면
가불구재 구능효어기친

則推之於君臣也와 夫婦也와 長幼也와
즉추지어군신야 부부야 장유야

朋友也에 何往而不可哉리오.
붕우야 하왕이불가재

반드시 먼저 그 사람이 효도를 하는지 아닌지를 살펴볼 것이니, 삼가지 않을 수 있겠으며 두려워하지 않을 수 있겠는가. 만일 그 부모에게 효도한다면 그 마음을 임금과 신하, 부부, 어른과 아이, 친구에 옮겨볼 수 있으니 어떤 경우에 적용한들 옳지 않음이 있겠는가.

必	先	觀	其	人	之	孝	不	孝	可	不
반드시 필	먼저 선	볼 관	그 기	사람 인	갈 지	효도 효	아닐 불	효도 효	옳을 가	아닐 불

愼	哉	可	不	懼	哉	苟	能	孝	於	其
삼갈 신	어조사 재	옳을 가	아닐 불	두려워할 구	어조사 재	진실로 구	능할 능	효도 효	어조사 어	그 기

親	則	推	之	於	君	臣	也	夫	婦	也
친할 친	곧 즉	밀 추	갈 지	어조사 어	임금 군	신하 신	어조사 야	지아비 부	며느리 부	어조사 야

長	幼	也	朋	友	也	何	往	而	不	可	哉
어른 장	어릴 유	어조사 야	벗 붕	벗 우	어조사 야	어찌 하	갈 왕	말이을 이	아닐 불	옳을 가	어조사 재

然則孝之於人에 大矣로되
연 즉 효 지 어 인 대 의

而亦非高遠難行之事也라.
이 역 비 고 원 난 행 지 사 야

然이나 自非生知者면
연 자 비 생 지 자

必資學問而知之니라.
필 자 학 문 이 지 지

그렇다면 효는 사람에게 중대한 것이면서 또한 고원하여 실행하기 어려운 것만은 아님을 알 수 있다. 그러나 스스로 나면서부터 이치를 아는 이가 아니라면 반드시 학문에 의지하여 알 수 있으니

然	則	孝	之	於	人	大	矣	而	亦	非
그럴 연	곧 즉	효도 효	갈 지	어조사 어	사람 인	클 대	어조사 의	말이을 이	또 역	아닐 비

高	遠	難	行	之	事	也	然	自	非	生
높을 고	멀 원	어려울 난	다닐 행	갈 지	일 사	어조사 야	그럴 연	스스로 자	아닐 비	날 생

知	者	必	資	學	問	而	知	之
알 지	놈 자	반드시 필	재물 자	배울 학	물을 문	말이을 이	알 지	갈 지

學問之道는 無他라, 將欲通古今하며
학문지도 무타 장욕통고금

達事理하여 存之於心하며 體之於身하니
달사리 존지어심 체지어신

可不勉其學問之力哉아.
가불면기학문지력재

玆用摭其歷代要義하여 書之于左하노라.
자용척기역대요의 서지우좌

학문하는 목적은 다른 데에 있는 것이 아니다. 장차 고금의 사리를 통달하여 마음속에 보존하며 몸으로 실천하고자 하는 데 있는 것이니 학문하는 데 힘쓰지 않을 수 있겠는가. 이 때문에 역대의 중요한 의리를 뽑아서 다음과 같이 기록해 둔다.

學	問	之	道	無	他	將	欲	通	古	今
배울 학	물을 문	갈 지	길 도	없을 무	다를 타	장수 장	하고자할 욕	통할 통	옛 고	이제 금

達	事	理	存	之	於	心	體	之	於	身
통할 달	일 사	다스릴 리	있을 존	갈 지	어조사 어	마음 심	몸 체	갈 지	어조사 어	몸 신

可	不	勉	其	學	問	之	力	哉	玆	用
옳을 가	아닐 불	힘쓸 면	그 기	배울 학	물을 문	갈 지	힘 력	어조사 재	검을 자	쓸 용

摭	其	歷	代	要	義	書	之	于	左
주울 척	그 기	지날 역	대신할 대	요긴할 요	옳을 의	글 서	갈 지	어조사 우	왼 좌

蓋自太極肇判하여 陰陽始分으로
개 자 태 극 조 판　　　음 양 시 분

五行이 相生에 先有理氣이니
오 행　　상 생　　선 유 리 기

人物之生이 林林總總하더니
인 물 지 생　　임 임 총 총

於是에 聖人이 首出하여
어 시　　성 인　　수 출

태극이 처음으로 판별되어 음과 양이 비로소 나누어진 시기로부터 오행이 서로 생성됨에 먼저 이와 기가 있었다. 사람과 물건이 많이 생성되더니 이에 성인이 먼저 나타나서

蓋	自	太	極	肇	判	陰	陽	始	分	五
덮을 개	스스로 자	클 태	다할 극	비롯할 조	판단할 판	그늘 음	볕 양	비로소 시	나눌 분	다섯 오

行	相	生	先	有	理	氣	人	物	之	生
다닐 행	서로 상	날 생	먼저 선	있을 유	다스릴 리	기운 기	사람 인	물건 물	갈 지	날 생

林	林	總	總	於	是	聖	人	首	出
수풀 임	수풀 임	다 총	다 총	어조사 어	이 시	성인 성	사람 인	머리 수	날 출

繼天立極하시니 天皇氏와 地皇氏와
계천입극   천황씨   지황씨

人皇氏와 有巢氏와 燧人氏가
인황씨   유소씨   수인씨

是爲太古니 在書契以前이라 不可考라.
시위태고   재서계이전   불가고

伏羲氏가 始劃八卦하며 造書契하여
복희씨   시획팔괘   조서계

하늘의 뜻을 계승하여 인간의 표준을 세웠으니, 천황씨와 지황씨와 인황씨와 유소씨와 수인씨가 태고시절의 성인이다. 서계문자가 나타나기 이전이기 때문에 상고할 수가 없다. 복희씨가 처음으로 팔괘를 긋고 서계문자를 만들어

繼	天	立	極	天	皇	氏	地	皇	氏	人
이을 계	하늘 천	설 입	극진할 극	하늘 천	임금 황	각시 씨	땅 지	임금 황	각시 씨	사람 인

皇	氏	有	巢	氏	燧	人	氏	是	爲	太
임금 황	각시 씨	있을 유	재집 소	각시 씨	부싯돌 수	사람 인	각시 씨	이 시	할 위	클 태

古	在	書	契	以	前	不	可	考	伏	羲
옛 고	있을 재	글 서	맺을 계	써 이	앞 전	아닐 불	옳을 가	상고할 고	엎드릴 복	복희씨 희

氏	始	劃	八	卦	造	書	契	
각시 씨	비로소 시	그을 획	여덟 팔	점괘 괘	지을 조	글 서	맺을 계	

以代結繩之政하고 神農氏가 作耒耜하며
이대결승지정 신농씨 작뢰사

制醫藥하고 黃帝氏가 用干戈하며
제의약 황제씨 용간과

作舟車하며 造曆算하며 制音律하시니
작주거 조력산 제음률

是爲三皇이니 至德之世라 無爲面治하니라.
시위삼황 지덕지세 무위면치

결승문자로 시행하던 정사를 대신했고, 신농씨가 쟁기와 보습을 만들고 의술과 약을 만들었으며, 황제씨가 방패와 창을 사용하고 배와 수레를 만들었으며 달력과 산수를 만들고 음률을 제정하니 이들을 삼황이라 일컫는다. 이때는 사람들의 본성이 지극히 순박했기 때문에 인위적인 정치를 베풀지 않고도 천하가 잘 다스려졌다.

以	代	結	繩	之	政	神	農	氏	作	耒
써 이	대신할 대	맺을 결	노끈 승	갈 지	정사 정	귀신 신	농사 농	각시 씨	지을 작	가래 뢰

耜	制	醫	藥	黃	帝	氏	用	干	戈	作
보습 사	지을 제	의원 의	약 약	누를 황	임금 제	각시 씨	쓸 용	방패 간	창 과	지을 작

舟	車	造	曆	算	制	音	律	是	爲	三
배 주	수레 거	지을 조	책력 력	셈 산	지을 제	소리 음	법칙 율	이 시	할 위	석 삼

皇	至	德	之	世	無	爲	面	治
임금 황	이를 지	덕 덕	갈 지	인간 세	없을 무	할 위	낯 면	다스릴 치

少昊와 顓頊과 帝嚳과 帝堯와 帝舜이
소 호 전 욱 제 곡 제 요 제 순

是爲五帝라. 皐夔稷契이
시 위 오 제   고 기 직 설

佐堯舜而堯舜之治는 卓冠百王이라.
좌 요 순 이 요 순 지 치   탁 관 백 왕

孔子가 定書에 斷自唐虞하시니라.
공 자   정 서   단 자 당 우

소호와 전욱과 제곡과 요임금, 순임금을 오제라 일컫는다. 고, 기, 직, 설이 요임금과 순임금을 보좌하니 요임금과 순임금의 다스림이 모든 왕의 으뜸이 되었다. 그래서 공자께서 서경을 정리할 때 당·우시대로부터 잘랐느니라.

少	昊	顓	頊	帝	嚳	帝	堯	帝	舜	是
적을 소	하늘 호	떨 전	삼갈 욱	임금 제	고할 곡	임금 제	요임금 요	임금 제	순임금 순	이 시

爲	五	帝	皐	夔	稷	契	佐	堯	舜	而
할 위	다섯 오	임금 제	언덕 고	조심할 기	피 직	문설주 설	도울 좌	요임금 요	순임금 순	말이을 이

堯	舜	之	治	卓	冠	百	王	孔	子	定
요임금 요	순임금 순	갈 지	다스릴 치	높을 탁	갓 관	일백 백	임금 왕	구멍 공	아들 자	정할 정

書	斷	自	唐	虞
글 서	끊을 단	스스로 자	당나라 당	나라 이름 우

夏寓와 商湯과 周文王武王이
하우 상탕 주문왕무왕

是爲三王이니 歷年이 或四百하며
시위삼왕   역년   혹사백

或六百하며 或八百하니 三代之隆을
혹육백   혹팔백   삼대지융

後世莫及而商之伊尹傅說과
후세막급이상지이윤부열

하나라 우왕과 상나라 탕왕과 주나라 문왕·무왕을 삼왕이라 일컫는다. 왕조의 수명이 어떤 경우는 400년이며 어떤 경우는 600년이며 어떤 경우는 800년이었으니 삼대의 융성했던 문물을 후세에는 미치지 못했고, 상나라의 이윤이나 부열,

夏	寓	商	湯	周	文	王	武	王	是	爲
여름 하	부칠 우	헤아릴 상	끓일 탕	두루 주	글월 문	임금 왕	호반 무	임금 왕	이 시	할 위

三	王	歷	年	或	四	百	或	六	百	或
석 삼	임금 왕	지날 역	해 년	혹 혹	넉 사	일백 백	혹 혹	여섯 육	일백 백	혹 혹

八	百	三	代	之	隆	後	世	莫	及	而
여덟 팔	일백 백	석 삼	대신할 대	갈 지	높을 융	뒤 후	인간 세	없을 막	미칠 급	말이을 이

商	之	伊	尹	傅	說
헤아릴 상	갈 지	저 이	성씨 윤	스승 부	기뻐할 열

周之周公召公이 皆賢臣也라
주 지 주공 소공   개 현 신 야

周公이 制禮作樂하시니 典章法度가
주공   제례작악   전장법도

粲然極備하더니 及其衰也하여
찬연극비   급기쇠야

五覇樓諸候하며 以匡王室하느니라.
오패누제후   이광왕실

주나라의 주공과 소공은 모두 어진 신하였다. 주공은 예법과 음악을 만드니 전장과 법도가 지극히 찬란하게 갖추어졌더니 주나라가 쇠진하자 오패가 제후들을 이끌고 왕실을 바로 세웠다.

周	之	周	公	召	公	皆	賢	臣	也	周
두루 주	갈 지	두루 주	공평할 공	부를 소	공평할 공	다 개	어질 현	신하 신	어조사 야	두루 주

公	制	禮	作	樂	典	章	法	度	粲	然
공평할 공	지을 제	예도 례	지을 작	노래 악	법 전	글 장	법 법	법도 도	정미 찬	그럴 연

極	備	及	其	衰	也	五	覇	樓	諸	候
다할 극	갖출 비	미칠 급	그 기	쇠할 쇠	어조사 야	다섯 오	으뜸 패	다락 누	모두 제	기후 후

以	匡	王	室
써 이	바로잡을 광	임금 왕	집 실

若齊桓公 晋文公 宋襄公 秦穆公
약 제환공 진문공 송양공 진목공

楚莊王 迭主夏盟 王靈不振하느니라.
초장왕 질주하맹 왕령불진

孔子는 以天縱之聖으로 轍環天下하사
공자 이천종지성 철환천하

道不得行于世하여 刪詩書하고
도불득행우세 산시서

이를테면 제나라 환공, 진나라 문공, 송나라 양공, 진나라 목공, 초나라 장왕이 차례대로 돌아가면서 중국의 맹약을 주도하였으나 왕실의 위엄이 떨쳐지지 못하였다. 공자는 하늘이 내신 성인으로서 수레를 타고 천하를 주유하셨으나 도를 세상에서 펼 수가 없어서 『시경』과 『서경』을 정리하고

若	齊	桓	公	晋	文	公	宋	襄	公	秦
같을 약	가지런할 제	굳셀 환	공평할 공	진나라 진	글월 문	공평할 공	송나라 송	도울 양	공평할 공	나라 이름 진

穆	公	楚	莊	王	迭	主	夏	盟	王	靈
화목할 목	공평할 공	초나라 초	씩씩할 장	임금 왕	번갈아들 질	임금 주	여름 하	맹서할 맹	임금 왕	신령 령

不	振	孔	子	以	天	縱	之	聖	轍	環
아닐 불	떨칠 진	구멍 공	아들 자	써 이	하늘 천	세로 종	갈 지	성인 성	바퀴 자국 철	고리 환

天	下	道	不	得	行	于	世	刪	詩	書
하늘 천	아래 하	길 도	아닐 불	얻을 득	다닐 행	어조사 우	인간 세	깎을 산	시 시	글 서

定禮樂하며 贊周易하고 修春秋하여
정례악   찬주역   수춘추

繼往聖, 開來學하고 而傳其道者는
계왕성 개래학   이전기도자

顏子曾子라 事在論語라
안자증자   사재론어

曾子之門人이 述大學하니라.
증자지문인   술대학

예악을 정하며 『주역』을 해석하고 『춘추』를 편수하여 지나간 성인을 계승하고 후세의 학자들을 인도하셨고, 그 도를 전수 받은 이는 안자와 증자이다. 이런 사실에 대한 기록은 『논어』에 있으며, 증자의 문인이 『대학』을 기술하였다.

定	禮	樂	贊	周	易	修	春	秋	繼	往
정할 정	예도 례	노래 악	도울 찬	두루 주	바꿀 역	닦을 수	봄 춘	가을 추	이을 계	갈 왕

聖	開	來	學	而	傳	其	道	者	顏	子
성인 성	열 개	올 래	배울 학	말이을 이	전할 전	그 기	길 도	놈 자	낯 안	아들 자

曾	子	事	在	論	語	曾	子	之	門	人
일찍 증	아들 자	일 사	있을 재	논할 론	말씀 어	일찍 증	아들 자	갈 지	문 문	사람 인

述	大	學
펼 술	클 대	배울 학

列國은 則曰魯와 曰衛와 曰晉과
曰鄭과 曰曹와 曰蔡와 曰燕과 曰吳와
曰齊와 曰宋과 曰陳과 曰楚와
曰秦이니 干戈日尋하여

열국은 노·위·진·정·조·채·연·오·제·송·진·초·진나라 등이니 날마다 무기를 준비하여

列	國	則	曰	魯	曰	衛	曰	晉	曰	鄭
벌일 열	나라 국	곧 즉	가로 왈	노둔할 노	가로 왈	호위할 위	가로 왈	나아갈 진	가로 왈	나라이름 정

曰	曹	曰	蔡	曰	燕	曰	吳	曰	齊	曰
가로 왈	마을 조	가로 왈	거북 채	가로 왈	나라이름 연	가로 왈	나라 이름 오	가로 왈	엄숙할 제	가로 왈

宋	曰	陳	曰	楚	曰	秦	干	戈	日	尋
송나라 송	가로 왈	베풀 진	가로 왈	초나라 초	가로 왈	나라 이름 진	방패 간	창 과	날 일	찾을 심

戰爭이 不息하여 遂爲戰國하니
전쟁 불식 수위전국
秦楚燕齊韓魏趙가 是爲七雄이라.
진초연제한위조 시위칠웅
孔子之孫子思가 生斯時하여
공자지손자사 생사시
作中庸하시고 其門人之弟孟軻가
작중용 기문인지제맹가

전쟁이 끊이지 않아 마침내 전국시대가 되었으니 진·초·연·제·한·위·조의 일곱 나라를 전국칠웅이라 일컫는다. 공자의 손자인 자사가 이 시기에 태어나 『중용』을 저술하고, 그 문인의 제자인 맹가가

戰	爭	不	息	遂	爲	戰	國	秦	楚	燕
싸움 전	다툴 쟁	아닐 불	쉴 식	드디어 수	할 위	싸움 전	나라 국	나라 이름 진	초나라 초	나라이름 연

齊	韓	魏	趙	是	爲	七	雄	孔	子	之
엄숙할 제	나라 한	나라이름 위	나라 조	이 시	할 위	일곱 칠	수컷 웅	구멍 공	아들 자	갈 지

孫	子	思	生	斯	時	作	中	庸	其	門
손자 손	아들 자	생각 사	날 생	이 사	때 시	지을 작	가운데 중	쓸 용	그 기	문 문

人	之	弟	孟	軻
사람 인	갈 지	아우 제	맏 맹	굴대 가

陳王道於齊梁하나 道又不行하여
진 왕 도 어 제 양　　　도 우 불 행

作孟子七篇而異端縱橫功利之說이
작 맹 자 칠 편 이 이 단 종 횡 공 리 지 설

盛行이라 吾道가 不傳하니라.
성 행　　　오 도　　불 전

及秦始皇하여 吞二周하고
급 진 시 황　　　탄 이 주

제나라와 양나라에서 왕도정치를 펴려하였으나 도가 또한 시행되지 못하여 『맹자』 7편을 저술하였으나, 이단과 종횡과 공리의 학설이 성행해서 우리의 도, 곧 유학의 도는 전해지지 못하였다. 진시황에 이르러서는 두 주나라를 삼키고

陳	王	道	於	齊	梁	道	又	不	行	作
베풀 진	임금 왕	길 도	어조사 어	가지런할 제	대들보 양	길 도	또 우	아닐 불	다닐 행	지을 작

孟	子	七	篇	而	異	端	縱	橫	功	利
맏 맹	아들 자	일곱 칠	책 편	말이을 이	다를 이	끝 단	세로 종	가로 횡	공 공	이로울 리

之	說	盛	行	吾	道	不	傳	及	秦	始
갈 지	말씀 설	성할 성	다닐 행	나 오	길 도	아닐 불	전할 전	미칠 급	나라 이름 진	비로소 시

皇	吞	二	周
임금 황	삼킬 탄	두 이	두루 주

滅六國廢封建하고 爲郡縣하며
멸육국폐봉건　　　위군현

焚時書하고 坑儒生하니 二世而亡하니라.
분시서　　갱유생　　　이세이망

漢高祖가 起布衣成帝業하여 歷年이
한고조　 기포의성제업　　　역년

四百하되 在明帝時하여
사백　　　재명제시

여섯 제후국을 멸망시키며, 봉건제도를 폐지하고 군현제를 시행하며 시서를 불태우고 유생들을 구덩이 속에 묻어 죽이니 2대만에 멸망하였다.
한나라 고조가 포의로 일어나 황제의 위업을 이루어 왕조의 수명이 400년에 이르렀는데 명제 때에

滅	六	國	廢	封	建	爲	郡	縣	焚	時
멸망할 멸	여섯 육	나라 국	폐할 폐	봉할 봉	세울 건	할 위	고을 군	고을 현	불사를 분	때 시

書	坑	儒	生	二	世	而	亡	漢	高	祖
글 서	구덩이 갱	선비 유	날 생	두 이	세상 세	말이을 이	망할 망	한나라 한	높을 고	조상 조

起	布	衣	成	帝	業	歷	年	四	百	在
일어날 기	베 포	옷 의	이룰 성	임금 제	업 업	지날 역	해 년	넉 사	일백 백	있을 재

明	帝	時
밝을 명	임금 제	때 시

西域佛法이 始通中國하여
서 역 불 법 시 통 중 국

惑世誣民하다 蜀漢과 吳와 魏의 三國이
혹 세 무 민   촉 한   오   위   삼 국

鼎峙하니 而諸葛亮이 仗義扶漢하다가
정 치   이 제 갈 량   장 의 부 한

病卒軍中하니
병 졸 군 중

서역의 불교가 처음으로 중국에 들어와 세상을 미혹시키고 백성들을 속였다. 촉한과 오와 위의 세 나라가 정립하여 대치하고 있었는데, 제갈량이 의리를 지켜 한나라를 보전하려다가 병이 들어 전쟁터에서 죽었다.

西	域	佛	法	始	通	中	國	惑	世	誣
서녘 서	지경 역	부처 불	법 법	비로소 시	통할 통	가운데 중	나라 국	미혹할 혹	세상 세	거짓 무

民	蜀	漢	吳	魏	三	國	鼎	峙	而	諸
백성 민	나라이름 촉	한나라 한	성씨 오	나라 이름 위	석 삼	나라 국	솥 정	언덕 치	말이을 이	모두 제

葛	亮	仗	義	扶	漢	病	卒	軍	中
칡 갈	밝을 량	의장 장	옳을 의	도울 부	한나라 한	병 병	마칠 졸	군사 군	가운데 중

晉有天下에 歷年이 百餘라.
진유천하 역년 백여

五胡가 亂華하니 宋齊梁陳에
오호 난화 송제양진

南北分裂이려니
남북분열

隋能混一하되 歷年이 三十이라.
수능혼일 역년 삼십

진나라가 천하를 다스림에 왕조의 수명이 100여 년에 이르렀는데 다섯 오랑캐 나라가 중화를 어지럽히니 송·제·양·진에 남북으로 분열되었다. 수나라가 천하를 통일하였으나 왕조의 수명이 30년에 그쳤다.

晉	有	天	下	歷	年	百	餘	五	胡	亂
진나라 진	있을 유	하늘 천	아래 하	지날 역	해 년	일백 백	남을 여	다섯 오	되 호	어지러울 난

華	宋	齊	梁	陳	南	北	分	裂	隋	能
빛날 화	송나라 송	가지런할 제	들보 양	베풀 진	남녘 남	북녘 북	나눌 분	찢을 열	수나라 수	능할 능

混	一	歷	年	三	十
섞을 혼	한 일	지날 역	해 년	석 삼	열 십

唐高祖와 太宗이 乘隋室亂하여
당고조 태종 승수실난

化家爲國하여 歷年이 三百하니라.
화가위국   역년   삼백

五季는 朝得暮失하여 大亂이 極矣라.
오계   조득모실   대란   극의

宋太祖가 立國之初에 五星이 聚奎하여
송태조   입국지초   오성   취규

당나라 고조와 태종이 수나라 왕실의 어지러움을 틈타 일개 집안을 변화시켜 나라를 만들었는데 왕조의 수명이 300년에 이르렀다. 후량과 후당과 후진과 후한과 후주를 오계라고 하니, 아침에 나라를 얻었다가 저녁이면 잃어버려서 혼란함이 극도에 이르렀다. 송나라 태조가 나라를 세운 초기에 다섯 개의 별이 규성에 모여

唐	高	祖	太	宗	乘	隋	室	亂	化	家
당나라 당	높을 고	조상 조	클 태	마루 종	탈 승	수나라 수	집 실	어지러울 난	될 화	집 가

爲	國	歷	年	三	百	五	季	朝	得	暮
할 위	나라 국	지날 역	해 년	석 삼	일백 백	다섯 오	끝 계	아침 조	얻을 득	저물 모

失	大	亂	極	矣	宋	太	祖	立	國	之
잃을 실	클 대	어지러울 란	다할 극	어조사 의	송나라 송	클 태	조상 조	설 입	나라 국	갈 지

初	五	星	聚	奎
처음 초	다섯 오	별 성	모을 취	별 규

廉洛關閩諸賢이 輩出하니
염 락 관 민 제 현　　　배 출

若周燉이와 程顥와 程頤와 司馬光과
약 주 돈　　　정 호　　정 이　　사 마 광

張栽와 邵雍과 朱熹가 相繼而起하여
장 재　　소 옹　　주 희　　상 계 이 기

以闡明斯道로 爲己任하되
이 천 명 사 도　위 기 임

염·낙·관·민에 여러 현인들이 배출되었으니, 주돈이와 정호와 정이와 사마광과 장재와 소옹과 주희가 서로 이어 나타나 유학의 도를 밝히는 것으로 자신의 임무로 삼았지만

廉	洛	關	閩	諸	賢	輩	出	若	周	燉
청렴할 염	물 이름 락	관계할 관	종족이름 민	모두 제	어질 현	무리 배	날 출	같을 약	두루 주	불빛 돈

程	顥	程	頤	司	馬	光	張	栽	邵	雍
한도 정	클 호	한도 정	턱 이	맡을 사	말 마	빛 광	베풀 장	심을 재	성씨 소	화할 옹

朱	熹	相	繼	而	起	以	闡	明	斯	道
붉을 주	기뻐할 희	서로 상	이을 계	말이을 이	일어날 기	써 이	밝힐 천	밝을 명	이 사	길 도

爲	己	任
할 위	몸 기	맡길 임

身且不得見容而朱子가
신차불득견용이주자

集諸家說하여 註四書五經하시니
집제가설 주사서오경

其有功於學者가 大矣로다.
기유공어학자 대의

然而國勢가 不競하여 歷年三百하니
연이국세 불경 역년삼백

자기 몸조차도 용납받지 못하였다. 주자가 제가의 학설을 모아서 사서와 오경을 주해했으니 배우는 자들에게 크게 공을 세웠다. 그러나 나라의 힘이 강하지 못하여 왕조의 수명이 300년에 그쳤으니

身	且	不	得	見	容	而	朱	子	集	諸
몸 신	또 차	아닐 불	얻을 득	볼 견	얼굴 용	말이을 이	붉을 주	아들 자	모을 집	모두 제

家	說	註	四	書	五	經	其	有	功	於
집 가	말씀 설	주낼 주	넉 사	글 서	다섯 오	지날 경	그 기	있을 유	공 공	어조사 어

學	者	大	矣	然	而	國	勢	不	競	歷
배울 학	놈 자	클 대	어조사 의	그럴 연	말이을 이	나라 국	형세 세	아닐 불	다툴 경	지날 역

年	三	百
해 년	석 삼	일백 백

契丹과 蒙古와 遼와 金이
글단 몽고 요 금
迭爲侵軼而 及其垂亡하여 文天祥이
질위침질이 급기수망 문천상
竭報宋하다가 竟死燕獄하니라.
갈보송 경사연옥
胡元이 滅宋하고 混一區宇하여
호원 멸송 혼일구우

거란과 몽골과 요와 금이 차례대로 침략하여 나라가 거의 망하게 되자 문천상이 충성을 다하여 송나라에 보답하다가 마침내 연경의 감옥에서 죽었다. 오랑캐 원나라가 송나라를 멸망시키고 천하를 통일하여

契	丹	蒙	古	遼	金	迭	爲	侵	軼	而
나라이름 글	붉을 단	어두울 몽	옛 고	멀 요	쇠 금	번갈아들 질	할 위	침노할 침	지나칠 질	말이을 이

及	其	垂	亡	文	天	祥	竭	報	宋	竟
미칠 급	그 기	드리울 수	망할 망	글월 문	하늘 천	상서로울 상	다할 갈	갚을 보	송나라 송	마침내 경

死	燕	獄	胡	元	滅	宋	混	一	區	宇
죽을 사	나라이름 연	옥 옥	오랑케 이름 호	으뜸 원	멸할 멸	송나라 송	섞을 혼	한 일	구분할 구	집 우

綿歷百年하니 夷狄之盛이 未有若此者也라.
면력백년　　　이적지성　　　미유약차자야

天厭穢德지라 大明이 中天하여
천염예덕　　　대명　　중천

聖繼神承하니 於千萬年이로다.
성계신승　　　어천만년

嗚呼라 三綱五常之道가 與天地로
오호　　삼강오상지도　　여천지

면면히 백년을 이어갔으니 오랑캐의 극성이 이 같이 심한 때는 없었다. 하늘이 더러운 덕을 싫어하셨는지라 대명이 하늘 한가운데로 떠올라 성인과 신인이 계승하였으니 아! 천만년을 이어가리로다. 아! 삼강오상의 도리는 천지와 더불어

綿	歷	百	年	夷	狄	之	盛	未	有	若
이어질 면	지날 력	일백 백	해 년	오랑캐 이	오랑캐 적	갈 지	성할 성	아닐 미	있을 유	같을 약

此	者	也	天	厭	穢	德	大	明	中	天
이 차	놈 자	어조사 야	하늘 천	싫어할 염	더러울 예	덕 덕	클 대	밝을 명	가운데 중	하늘 천

聖	繼	神	承	於	千	萬	年	嗚	呼	三
성인 성	이을 계	귀신 신	이을 승	어조사 어	일천 천	일만 만	해 년	슬플 오	부를 호	석 삼

綱	五	常	之	道	與	天	地
벼리 강	다섯 오	항상 상	갈 지	길 도	더불 여	하늘 천	땅 지

相終始하니 三代以前에는 聖帝明王과
상종시   삼대이전   성제명왕

賢相良佐가 相與講明之故로
현상양좌   상여강명지고

治日이 常多하고 亂日이 常少하니라.
치일   상다   난일   상소

三代以後에는 庸君暗主와
삼대이후   용군암주

시종을 함께하니 삼대 이전에는 성스러운 임금, 명철한 군주와 어진 재상과 뛰어난 보좌관들이 서로 함께 강론하여 밝혔다. 그 때문에 다스려진 날이 항상 많았고 어지러운 날이 항상 적었느니라. 삼대 이후에는 용렬한 임금, 어두운 군주들과

相	終	始	三	代	以	前	聖	帝	明	王
서로 상	마칠 종	비로소 시	석 삼	대신할 대	써 이	앞 전	성인 성	임금 제	밝을 명	임금 왕

賢	相	良	佐	相	與	講	明	之	故	治
어질 현	서로 상	어질 양	도울 좌	서로 상	더불 여	외울 강	밝을 명	갈 지	연고 고	다스릴 치

日	常	多	亂	日	常	少	三	代	以	後
날 일	항상 상	많을 다	어지러울 난	알 일	항상 상	적을 소	석 삼	대신할 대	써 이	뒤 후

庸	君	暗	主
쓸 용	임금 군	어두울 암	임금 주

亂臣賊子가 相與敗壞之故로
난신적자 상여패괴지고

亂日이 常多하고 治日이 常少하니
난일 상다 치일 상소

其所以世之治亂安危와
기소이세지치난안위

國之興廢存亡이
국지흥폐존망

국가의 기강을 어지럽히는 신하와 집안의 도리를 해치는 자식들이 서로 함께 그것을 무너뜨렸다. 그 때문에 어지러운 날이 항상 많고 다스려진 날이 항상 적었다. 세상이 다스려지거나 문란해지거나 편안하거나 위태하거나 나라가 흥하거나 존속하거나 망하는 까닭은

亂	臣	賊	子	相	與	敗	壞	之	故	亂
어지러울 난	신하 신	도둑 적	아들 자	서로 상	더불 여	패할 패	무너질 괴	갈 지	연고 고	어지러울 난

日	常	多	治	日	常	少	其	所	以	世
날 일	항상 상	많을 다	다스릴 치	날 일	항상 상	적을 소	그 기	바 소	써 이	인간 세

之	治	亂	安	危	國	之	興	廢	存	亡
갈 지	다스릴 치	어지러울 난	편안 안	위태할 위	나라 국	갈 지	일 흥	폐할 폐	있을 존	망할 망

皆由於人倫之明不明如耳라
개 유 어 인 륜 지 명 불 명 여 이

可不察哉아.
가 불 찰 재

東方에 初無君長이더니 有神人이
동 방   초 무 군 장   유 신 인

降于太白山檀木下하여
강 우 태 백 산 단 목 하

모두 인륜이 밝혀졌느냐 밝혀지지 않았느냐의 여하에 달린 것이니 가히 살피지 않을 수 있겠는가.
동방에 처음에 임금이 없더니 신인이 태백산 박달나무 아래로 내려오자

皆	由	於	人	倫	之	明	不	明	如	耳
다 개	말미암을 유	어조사 어	사람 인	인륜 륜	갈 지	밝을 명	아닐 불	밝을 명	같을 여	귀 이

可	不	察	哉	東	方	初	無	君	長	有
옳을 가	아닐 불	살필 찰	어조사 재	동녘 동	모 방	처음 초	없을 무	임금 군	어른 장	있을 유

神	人	降	于	太	白	山	檀	木	下
귀신 신	사람 인	내릴 강	어조사 우	클 태	흰 백	메 산	박달나무 단	나무 목	아래 하

神靈明智어늘 國人이 立以爲君하니
신령명지   국인 입이위군

與堯로 竝立하여 國號를 朝鮮이라 하니
여요   병립   국호   조선

是爲檀君이라 殷太師箕子가
시위단군   은태사기자

率衆東來하여 敎民禮儀하고
솔중동래   교민예의

거룩한 뜻과 밝은 지혜를 가져 나라 사람들이 이를 임금으로 세웠다. 그래서 중국의 요임금과 동시대에 즉위하여 국호를 조선이라 하니 이가 곧 단군이다. 주나라 무왕이 기자를 조선에 봉하여 백성들에게 예의를 가르치고

神	靈	明	智	國	人	立	以	爲	君	與
귀신 신	영묘할 령	밝을 명	슬기 지	나라 국	사람 인	설 입	써 이	할 위	임금 군	더불 여

堯	竝	立	國	號	朝	鮮	是	爲	檀	君
요임금 요	아우를 병	설 립	나라 국	이름 호	아침 조	고울 선	이 시	할 위	박달나무 단	임금 군

殷	太	師	箕	子	率	衆	東	來	敎	民
성할 은	클 태	스승 사	키 기	아들 자	거느릴 솔	무리 중	동녘 동	올 래	가르칠 교	백성 민

禮	儀
예도 예	거동 의

設八條之教하니 有人賢之化하더라.
설 팔 조 지 교　유 인 현 지 화

燕人衛滿이 因盧綰亂하여 亡命來하여
연 인 위 만　인 노 관 란　망 명 래

誘逐箕準하고 據王儉城하더니
유 축 기 준　거 왕 검 성

至孫右炬하여 漢武帝가 討滅之하고
지 손 우 거　한 무 제　토 멸 지

팔조의 교법을 베풀자 인현의 교화가 있게 되었느니라.
연나라 사람 위만이 노관의 난을 당하여 망명하여 와서 기준을 꾀어 내쫓고
왕검성에 웅거하더니 손자 우거에 이르러 한나라가 쳐서 멸하고

設	八	條	之	敎	有	人	賢	之	化	燕
베풀 설	여덟 팔	가지 조	갈 지	가르칠 교	있을 유	사람 인	어질 현	갈 지	될 화	나라이름 연

人	衛	滿	因	盧	綰	亂	亡	命	來	誘
사람 인	호위할 위	찰 만	인할 인	성씨 노	얽을 관	어지러울 란	망할 망	목숨 명	올 래	꾈 유

逐	箕	準	據	王	儉	城	至	孫	右	炬
쫓을 축	키 기	준할 준	의지할 거	임금 왕	검소할 검	재 성	이를 지	손자 손	오른쪽 우	횃불 거

漢	武	帝	討	滅	之
한나라 한	호반 무	임금 제	칠 토	꺼질 멸	갈 지

分其地하여 置樂浪臨屯玄菟眞蕃四郡하다.
분기지　　　치낙랑임둔현도진번사군

昭帝가 以平那玄菟로 爲平州하고
소제　　이평나현도　　위평주

臨屯樂浪으로 爲東府二都督府하다.
임둔낙랑　　　위동부이도독부

箕準이 避衛滿하여 浮海而南하여
기준　　피위만　　　부해이남

그 땅을 분할하여 낙랑, 임둔, 현도, 진번의 사군을 두었다. 소제는 평군과 현도를 합쳐서 평주로 삼고 임둔과 낙랑을 동부의 두 도독부로 삼았다. 기준은 위만을 피하여 바닷길로 해서 남쪽으로 가

分	其	地	置	樂	浪	臨	屯	玄	菟	眞
나눌 분	그 기	땅 지	둘 치	즐길 낙	물결 랑	임할 임	진칠 둔	검을 현	고을이름 도	참 진

蕃	四	郡	昭	帝	以	平	那	玄	菟	爲
우거질 번	넉 사	고을 군	밝을 소	임금 제	써 이	평평할 평	어찌 나	검을 현	고을이름 도	할 위

平	州	臨	屯	樂	浪	爲	東	府	二	都
평평할 평	고을 주	임할 임	진칠 둔	즐길 낙	물결 랑	할 위	동녘 동	관청 부	두 이	도읍 도

督	府	箕	準	避	衛	滿	浮	海	而	南
살필 독	관청 부	키 기	준할 준	피할 피	호위할 위	찰 만	뜰 부	바다 해	말이을 이	남녘 남

居金馬郡하니 是爲馬韓이라 秦亡人이
거 금 마 군   시 위 마 한   진 망 인

避入韓이어늘 韓이 割東界하여 伊與하니
피 입 한   한   할 동 계   이 여

是爲辰韓이라. 弁韓則入國於韓地하니
시 위 진 한   변 한 즉 입 국 어 한 지

不知其始祖年代라 是爲三韓이라.
불 지 기 시 조 년 대   시 위 삼 한

금마군에 정착하니 이것이 마한이다. 진나라에서 망명하여 온 사람이 노역을 피하여 한나라로 들어오자 한나라가 동쪽 영토를 분할하여 주니 이것이 진한이다. 변한은 한나라 땅에 나라를 세웠으나 그 시조와 연대를 알지 못한다. 이를 삼한이라 한다.

居	金	馬	郡	是	爲	馬	韓	秦	亡	人
살 거	쇠 금	말 마	고을 군	이 시	할 위	말 마	나라 한	성씨 진	망할 망	사람 인

避	入	韓	韓	割	東	界	伊	與	是	爲
피할 피	들 입	나라 한	나라 한	벨 할	동녘 동	지경 계	저 이	더불 여	이 시	할 위

辰	韓	弁	韓	則	入	國	於	韓	地	不
별 진	나라 한	고깔 변	나라 한	곧 즉	들 입	나라 국	어조사 어	나라 한	땅 지	아닐 불

知	其	始	祖	年	代	是	爲	三	韓
알 지	그 기	비로소 시	조상 조	해 년	대신할 대	이 시	할 위	석 삼	나라 한

新羅始祖赫居世는 都辰韓地하여
신라시조혁거세 도진한지

以朴으로 爲姓하고 高句麗始祖朱蒙은
이박   위성   고구려시조주몽

至卒本하여 自稱高辛之後라 하여
지졸본   자칭고신지후

因姓高하고 百濟始祖溫祚는
인성고   백제시조온조

신라의 시조 혁거세는 진한의 영토에 도읍을 정하여 박을 성씨로 삼고, 고구려의 시조인 주몽은 졸본에 이르러 고신씨의 후예라고 스스로 칭하고 고를 성씨로 삼았고, 백제의 시조 온조는

新	羅	始	祖	赫	居	世	都	辰	韓	地
새 신	그물 라	비로소 시	조상 조	빛날 혁	살 거	인간 세	도읍 도	별 진	나라 한	땅 지

以	朴	爲	姓	高	句	麗	始	祖	朱	蒙
써 이	성씨 박	할 위	성씨 성	높을 고	글귀 구	고울 려	비로소 시	조상 조	붉을 주	어두울 몽

至	卒	本	自	稱	高	辛	之	後	因	姓
이를 지	마칠 졸	근본 본	스스로 자	일컬을 칭	높을 고	매울 신	갈 지	뒤 후	인할 인	성씨 성

高	百	濟	始	祖	溫	祚
높을 고	일백 백	건널 제	비로소 시	조상 조	따뜻할 온	복 조

都河南慰禮城하여 以扶餘로
爲氏하여 三國이 各保一隅하여
互相侵伐하더니 其後에 唐高宗이
滅百濟高句麗하고 分其地하여

하남 위례성을 도읍지로 정하여 부여를 성씨로 삼아 삼국이 각각 한 모퉁이를 차지하여 서로 침략하고 정벌하였다. 그 뒤에 당나라 고종이 백제와 고구려를 멸망시키고 그 영토를 나누어

都	河	南	慰	禮	城	以	扶	餘	爲	氏
도읍 도	물 하	남녘 남	위로할 위	예도 례	재 성	써 이	도울 부	남을 여	할 위	각시 씨

三	國	各	保	一	隅	互	相	侵	伐	其
석 삼	나라 국	각각 각	지킬 보	한 일	모퉁이 우	서로 호	서로 상	침노할 침	칠 벌	그 기

後	唐	高	宗	滅	百	濟	高	句	麗	分
뒤 후	당나라 당	높을 고	마루 종	꺼질 멸	일백 백	건널 제	높을 고	글귀 구	고울 려	나눌 분

其	地
그 기	땅 지

置都督府하여 以劉仁願薛仁貴로
치 도 독 부　　이 류 인 원 설 인 귀

留鎭撫之하니 百濟는 歷年이
유 진 무 지　　백 제　　역 년

六百七十八年이요 高句麗는
육 백 칠 십 팔 년　　고 구 려

七百五年이라.
칠 백 오 년

도독부를 설치하여 유인원과 설인귀로 하여금 머물러서 진무하게 하였으니 백제는 왕조의 수명이 678년에 이르렀고 고구려는 705년이었다.

置	都	督	府	以	劉	仁	願	薛	仁	貴
둘 치	도읍 도	감독할 독	마을 부	써 이	죽일 류	어질 인	원할 원	성씨 설	어질 인	귀할 귀

留	鎭	撫	之	百	濟	歷	年	六	百	七
머무를 유	진압할 진	어루만질 무	갈 지	일백 백	건널 제	지날 역	해 년	여섯 육	일백 백	일곱 칠

十	八	年	高	句	麗	七	百	五	年
열 십	여덟 팔	해 년	높을 고	글귀 구	고울 려	일곱 칠	일백 백	다섯 오	해 년

鎭撫(진무)
백성의 마음을 진정시켜 편안하게 위무(慰撫)함.

新羅之末에 弓裔가 叛于北京하여
신라지말   궁예   반우북경

國號를 泰封이라 하고 甄萱은
국호   태봉   견훤

叛據完山하여 自稱後百濟라 하다.
반거완산   자칭후백제

新羅가 亡하니 朴昔金三姓이 相傳하여
신라   망   박석김삼성   상전

신라 말기에 궁예가 북경에서 반란을 일으켜 국호를 태봉이라 하였고, 견훤이 반란을 일으켜 완산주를 점거하여 스스로 후백제라고 일컬었다. 신라가 멸망하니 박·석·김의 세 성씨가 서로 왕위를 전수하여

新	羅	之	末	弓	裔	叛	于	北	京	國
새 신	그물 라	갈 지	끝 말	활 궁	후손 예	배반할 반	어조사 우	북녘 북	서울 경	나라 국

號	泰	封	甄	萱	叛	據	完	山	自	稱
이름 호	클 태	봉할 봉	질그릇 견	원추리 훤	배반할 반	근거 거	완전할 완	메 산	스스로 자	일컬을 칭

後	百	濟	新	羅	亡	朴	昔	金	三	姓
뒤 후	일백 백	건널 제	새 신	그물 라	망할 망	성씨 박	예 석	성씨 김	석 삼	성씨 성

相	傳
서로 상	전할 전

歷年이 九百九十二年이라.
역년 구백구십이년

泰封諸將이 立麗祖爲王하니
태봉제장 입려조위왕

國號를 高麗라 하여 剋殘群凶하고
국호 고려 극잔군흉

統合三韓하여 移都松嶽하다.
통합삼한 이도송악

왕조의 수명이 992년에 이르렀다. 태봉의 여러 장수들이 고려의 시조 왕건을 세워서 왕으로 삼으니 국호를 고려라 하여 여러 흉악한 인물들을 없애고 삼한을 통일하여 도읍을 송악으로 옮겼다.

歷	年	九	百	九	十	二	年	泰	封	諸
지날 역	해 년	아홉 구	일백 백	아홉 구	열 십	두 이	해 년	클 태	봉할 봉	모두 제

將	立	麗	祖	爲	王	國	號	高	麗	剋
장수 장	설 입	고울 려	조상 조	할 위	임금 왕	나라 국	이름 호	높을 고	고울 려	이길 극

殘	群	凶	統	合	三	韓	移	都	松	嶽
잔일할 잔	무리 군	흉할 흉	거느릴 통	합할 합	석 삼	나라 한	옮길 이	도읍 도	소나무 송	큰산 악

至于季世하여 恭愍이 無嗣하고
지 우 계 세　　공 민　　무 사

僞主辛禑가 昏暴自恣而王瑤가
위 주 신 우　　혼 폭 자 자 이 왕 요

不君하여 遂至於亡하니 歷年이
불 군　　수 지 어 망　　역 년

四百七十五年이라.
사 백 칠 십 오 년

그러나 고려 말년에 이르러 공민왕에게 후사가 없고 가짜 임금 신우가 어둡고 포악하며 스스로 방자하였으며 왕요도 임금 노릇을 못하여 마침내 망하기에 이르니 왕조의 수명이 475년이었다.

至	于	季	世	恭	愍	無	嗣	僞	主	辛
이를 지	어조사 우	계절 계	인간 세	공손할 공	근심할 민	없을 무	이을 사	거짓 위	임금 주	매울 신

禑	昏	暴	自	恣	而	王	瑤	不	君	遂
복 우	어두울 혼	사나울 폭	스스로 자	방자할 자	말이을 이	임금 왕	아름다울 요	아닐 불	임금 군	드디어 수

至	於	亡	歷	年	四	百	七	十	五	年
이를 지	어조사 어	망할 망	지날 역	해 년	넉 사	일백 백	일곱 칠	열 십	다섯 오	해 년

天命이 歸于眞主하니
천 명   귀 우 진 주

大明太祖高皇帝가
대 명 태 조 고 황 제

賜改國號曰 朝鮮이라 하니
사 개 국 호 왈   조 선

定鼎于漢陽하여 聖子神孫이
정 정 우 한 양   성 자 신 손

천명이 진정한 군주에게 돌아가니 명나라 태조 고황제가 국호를 조선이라고 고쳐 내리자 한양에 도읍을 정하고 신성한 자손들이

天	命	歸	于	眞	主	大	明	太	祖	高
하늘 천	목숨 명	돌아갈 귀	어조사 우	참 진	임금 주	클 대	밝을 명	클 태	조상 조	높을 고

皇	帝	賜	改	國	號	曰	朝	鮮	定	鼎
임금 황	임금 제	줄 사	고칠 개	나라 국	이름 호	가로 왈	아침 조	고울 선	정할 정	솥 정

于	漢	陽	聖	子	神	孫
어조사 우	한수 한	볕 양	성인 성	아들 자	귀신 신	손자 손

繼繼繩繩하여 重熙累洽하여
계계승승   중희루흡

式至于今하시니 實萬世無疆之休로다.
식지우금   실만세무강지휴

於戱라. 我國이 雖僻在海隅하며
어희   아국 수벽재해우

壤地褊小하나 禮樂法度와 衣冠文物을
양지편소   예악법도   의관문물

끊임없이 계승하여 거듭 빛내고 더욱 흡족하여 지금에 이르니 실로 만세토록 끝없을 아름다움이로다. 아! 우리나라가 비록 궁벽하게 바다 모퉁이에 자리 잡고 있어서 영토가 좁고 작으나 예악과 법도와 의관과 문물이

繼	繼	繩	繩	重	熙	累	洽	式	至	于
이을 계	이을 계	노끈 승	노끈 승	무거울 중	빛날 희	여러 루	흡족할 흡	법식	이를 지	어조사 우

今	實	萬	世	無	疆	之	休	於	戱	我
이제 금	열매 실	일만 만	인간 세	없을 무	지경 강	갈 지	쉴 휴	어조사 어	놀이 희	나 아

國	雖	僻	在	海	隅	壤	地	褊	小	禮
나라 국	비록 수	궁벽할 벽	있을 재	바다 해	모퉁이 우	흙덩이 양	땅 지	좁을 편	작을 소	예도 예

樂	法	度	衣	冠	文	物
노래 악	법 법	법도 도	옷 의	갓 관	글월 문	물건 물

悉遵華制하여 人倫이 明於上하고
실 준 화 제　　인 륜　　명 어 상

教化가 行於下하여 風俗之美가
교 화　　행 어 하　　풍 속 지 미

模擬中華하니 華人이
모 의 중 화　　화 인

稱之曰小中華라 하니
칭 지 왈 소 중 화

모두 중국의 제도를 따라 인륜이 위에서 밝혀지고 교화가 아래에서 시행되어
풍속의 아름다움이 중국과 같아 중국인들이 우리를 소중화라고 일컬으니

悉	遵	華	制	人	倫	明	於	上	教	化
다 실	좇을 준	빛날 화	절제할 제	사람 인	인륜 륜	밝을 명	어조사 어	위 상	가르칠 교	될 화

行	於	下	風	俗	之	美	模	擬	中	華
다닐 행	어조사 어	아래 하	바람 풍	풍속 속	갈 지	아름다울 미	가지런할 모	비길 의	가운데 중	빛날 화

華	人	稱	之	曰	小	中	華
빛날 화	사람 인	일컬을 칭	갈 지	가로 왈	작을 소	가운데 중	빛날 화

茲豈非箕子之遺化耶리요.
자 기 비 기 자 지 유 화 야

嗟爾小子는
차 이 소 자

宜其觀感而興起哉할지어다.
의 기 관 감 이 흥 기 재

이 어찌 기자가 끼친 교화가 아니겠는가. 아! 여러 어린이들은 마땅히 이것을 보고 느껴서 떨쳐 일어날지어다.

茲	豈	非	箕	子	之	遺	化	耶	嗟	爾
이 자	어찌 기	아닐 비	키 기	아들 자	갈 지	남길 유	될 화	어조사 야	탄식할 차	너 이

小	子	宜	其	觀	感	而	興	起	哉
작을 소	아들 자	마땅 의	그 기	볼 관	느낄 감	말이을 이	일 흥	일어날 기	어조사 재

하루 10분 손으로 쓰면서 배우는
어린이 동몽선습
한글+한자 따라쓰기

초판 인쇄   2016년 7월 15일

지은이   시사정보연구원
발행인   권윤삼
발행처   도서출판 산수야

등록번호   제1-1515호
주소   서울시 마포구 월드컵로 165-4
우편번호   121-826
전화   02-332-9655
팩스   02-335-0674

ISBN 978-89-8097-388-0   73190

값은 뒤표지에 있습니다. 잘못된 책은 바꾸어 드립니다.

이 책의 모든 법적 권리는 도서출판 산수야에 있습니다.
저작권법에 의해 보호받는 저작물이므로
본사의 허락 없이 무단 전재, 복제, 전자출판 등을 금합니다.